# HISTOIRE
# DE MA VIE

L'auteur et l'éditeur de cet ouvrage se réservent le droit de le traduire ou de le faire traduire en toutes les langues. Ils poursuivront, en vertu des lois, décrets et traités internationaux, toutes contrefaçons ou toutes traductions faites au mépris de leurs droits.

PARIS. — TYPOGRAPHIE DE HENRI PLON
8, rue Garancière.

# HISTOIRE
# DE MA VIE

PAR

## GEORGE SAND

> Charité envers les autres;
> Dignité envers soi-même;
> Sincérité devant Dieu.

Telle est l'épigraphe du livre que j'entreprends.
5 avril 1847.

GEORGE SAND.

TOME HUITIÈME

L'auteur et l'éditeur se réservent le droit de traduction en toutes langues

## PARIS
MICHEL LÉVY FRÈRES, LIBRAIRES-ÉDITEURS
RUE VIVIENNE, 2 bis

·1856·

# HISTOIRE DE MA VIE

## QUATRIÈME PARTIE
*(Suite.)*

### CHAPITRE SEPTIÈME
*(Suite.)*

Ouverture du testament. — Clause illégale. — Résistance de ma mère. — Je quitte Nohant. — Paris, Clotilde. — 1823. — Deschartres à Paris. — Mon serment. — Rupture avec ma famille paternelle. — Mon cousin Auguste. — Divorce avec la noblesse. — Souffrances domestiques.

Il me faisait bien certaines recommandations de respect et de déférence envers madame de Villeneuve, qui me donnaient à penser qu'il n'était pas le maître absolu chez lui ; mais ma cousine n'était pas dévote alors, et tenait surtout aux manières et au savoir-vivre. Comme je m'inquiétais de ma rusticité, il m'assura qu'il n'y paraissait pas quand je voulais, et qu'il ne s'agissait que de vouloir toujours. « Au reste, me disait-il, si tu trouves quelquefois ta cousine un peu sévère, tu feras à ses exigences du moment le sacrifice de ta petite vanité d'écolier, et aussitôt qu'elle t'aura vue plier de bonne grâce, elle t'en récompensera par un grand esprit de justice et de générosité. Chenonceaux te semblera un paradis terrestre, à toi qui n'a jamais rien vu, et si tu y as quelques moments de contrainte, je saurai te les faire oublier. Je sens que tu me seras une société charmante : nous lirons, nous disserterons, nous courrons, et même nous rirons ensemble, car je vois que tu es gaie aussi, quand tu n'as pas trop de sujets de chagrin. »

Je m'en remettais donc à lui de mon sort futur avec une grande confiance. Il m'assurait aussi que sa fille Emma, madame de la Roche-Aymon, partageait la sympathie particulière que j'avais toujours eue pour elle, et qu'à nous trois nous oublierions la gêne du monde, que ni elle ni lui n'aimaient plus que moi.

Il m'avait également parlé de ma mère, sans aigreur et en termes très-convenables, en me confirmant tout ce que ma grand'mère m'avait dit en dernier lieu de son peu de désir de m'avoir avec elle. Loin de me prescrire une rupture absolue, il m'encourageait à persister dans ma déférence envers elle. « Seulement, me disait-il, puisque le lien entre vous semble se détendre de lui-même, ne le resserre pas imprudemment, ne lui écris pas plus qu'elle ne paraît le souhaiter, et ne te plains pas de la froideur qu'elle te témoigne. C'est ce qui peut arriver de mieux. »

Cette prescription me fut pénible. Malgré tout ce que j'y trouvais de sage, et peut-être de nécessaire au bonheur de ma mère elle-même, mon cœur avait toujours pour elle des élans passionnés, suivis d'une morne tristesse. Je ne me disais pas qu'elle ne m'aimait point ; je sentais qu'elle m'en voulait trop d'aimer ma grand'mère pour n'être pas jalouse aussi à sa manière : mais cette manière m'effrayait, je ne la connaissais pas. Jusqu'à ces derniers temps, ma préférence pour elle lui avait été trop bien démontrée.

Quand, après quelques mois, et au lendemain de la mort de ma grand'mère, mon cousin René revint pour m'emmener, j'étais bien décidée à le suivre. Pourtant l'arrivée de ma mère me bouleversa. Ses premières caresses furent si ardentes et si vraies, j'étais si heureuse aussi de revoir ma petite tante Lucie, avec son parler populaire, sa gaieté, sa vivacité, sa franchise et ses maternelles gâteries, que je me flattai d'avoir retrouvé le rêve de bonheur de mon enfance dans la famille de ma mère.

Mais, au bout d'un quart d'heure tout au plus, ma mère, très-irritée par la fatigue du voyage, par la présence de M. de Villeneuve, par les airs refrognés de Deschartres, et surtout par les douloureux souvenirs de Nohant, exhala toutes les amertumes amassées dans son cœur contre ma grand'mère. Incapable de se contenir, malgré les efforts de ma tante pour la calmer et pour atténuer par des plaisanteries l'effet de ce qu'elle appelait ses *exagérations,* elle me fit voir qu'un abîme s'était creusé à mon insu entre nous, et que le fantôme de la pauvre morte se placerait là longtemps pour nous désespérer.

Ses invectives contre elle me consternèrent. Je les avais entendues autrefois, mais je ne les avais pas toujours comprises. Je n'y avais vu que des rigueurs à blâmer, des ridicules à supporter. Maintenant elle était accusée de vices de cœur, cette pauvre sainte femme! Ma mère, je dois le dire aussi, ma pauvre mère disait des choses inouïes dans la colère.

Ma résistance ferme et froide à ce torrent d'injustice la révolta. J'étais, certes, bien émue intérieurement, mais la voyant si exaltée, je pensais devoir me contenir, et lui montrer, dès le premier orage, une volonté inébranlable de respecter le souvenir de ma bienfaitrice. Comme cette révolte contre ses sentiments était par elle-même bien assez offensante pour son dépit, je ne croyais pas pouvoir y mettre trop de formes, trop de calme apparent, trop d'empire sur ma secrète indignation.

Cet effort de raison, ce sacrifice de ma propre colère intérieure au sentiment du devoir, était précisément ce que je pouvais imaginer de pire avec une nature comme celle de ma mère. Il eût fallu faire comme elle, crier, tempêter, casser quelque chose, l'effrayer enfin, lui faire croire que j'étais aussi violente qu'elle et qu'elle n'aurait pas bon marché de moi.

« Tu t'y prends tout de travers, me dit ma tante quand nous fûmes seules ensemble. Tu es trop tranquille et trop fière ; ce n'est pas comme cela qu'il faut se conduire avec ma sœur. Je la connais bien, moi ! Elle est mon aînée, et elle m'aurait rendue bien malheureuse dans mon enfance et dans ma jeunesse si j'avais fait comme toi ; mais quand je la voyais de mauvaise humeur et couvant une grosse querelle, je la taquinais et me moquais d'elle jusqu'à ce que je l'eusse fait éclater. Ça allait plus vite. Alors quand je la sentais bien montée, je me fâchais aussi, et tout à coup je lui disais : « En voilà assez ; veux-tu m'embrasser et faire la paix ? Dépêche-toi, car sans cela je te quitte. » Elle revenait aussitôt, et la crainte de me voir recommencer l'empêchait de recommencer trop souvent elle-même. »

Je ne pus profiter de ce conseil. Je n'étais pas la sœur, l'égale par conséquent, de cette femme ardente et infortunée. J'étais sa fille. Je ne pouvais oublier le sentiment et les formes du respect. Quand elle revenait d'elle-même, je lui restituais ma tendresse avec tous ses témoignages; mais il m'était impossible de prévenir ce retour en allant baiser des lèvres encore chaudes d'injures contre celle que je vénérais.

L'ouverture du testament amena de nouvelles tempêtes. Ma mère, prévenue par quelqu'un qui trahissait tous les secrets de ma grand'mère (je n'ai jamais su qui), connaissait depuis longtemps la clause qui me séparait d'elle. Elle savait aussi mon adhésion à cette clause : de là sa colère anticipée.

Elle feignit d'ignorer tout jusqu'au dernier moment, et nous nous flattions encore, mon cousin et moi, que l'espèce d'aversion qu'elle me témoignait lui ferait accepter avec empressement cette disposition testamentaire; mais elle était armée de toutes pièces pour en accueillir la déclaration. Sans doute quelqu'un l'avait influencée d'avance, et lui avait fait voir là une injure qu'elle ne devait point accepter. Elle déclara donc très-nettement qu'elle ne se laisserait pas réputer indigne de garder sa fille, qu'elle savait la clause nulle, puisqu'elle était ma tutrice naturelle et légitime, qu'elle invoquait la loi, et que ni prières ni menaces ne la feraient renoncer à son droit, qui était effectivement complet et absolu.

Qui m'eût dit cinq ans auparavant que cette réunion tant désirée serait un chagrin et un malheur pour moi ? Elle me rappela ces jours de ma passion pour elle et me reprocha amèrement d'avoir laissé corrompre mon cœur par ma grand'mère et par Deschartres. « Ah ! ma pauvre mère, m'écriai-je, que ne m'avez-vous prise au mot dans ce temps-là ! Je n'aurais rien regretté alors. J'aurais tout quitté pour vous. Pourquoi m'avez-vous trompée dans mes espérances et abandonnée si complétement ? J'ai douté de votre tendresse, je l'avoue. Et à présent, que faites-vous ? Vous brisez, vous blessez mortellement ce cœur que vous voulez guérir et ramener ! Vous savez qu'il a fallu quatre ans à ma grand'mère pour me faire oublier un moment d'injustice contre vous, et vous m'accablez tous les jours, à toute heure, de vos injustices contre elle ! »

Comme d'ailleurs je me soumettais sans murmure à sa volonté de me garder avec elle, elle parut s'apaiser. La politesse extrême de mon cousin la désarmait par moments. Elle ne ferma pas tout à fait l'oreille à l'idée de me permettre de rentrer au couvent, comme pensionnaire en chambre, et j'en écrivis à madame Alicia et à la supérieure, afin d'avoir une retraite toute prête à me recevoir aussitôt que j'aurais conquis la permission d'en profiter.

Il ne se trouva pas un logement vacant, grand comme la main, aux Anglaises. On m'aurait reprise volontiers comme pensionnaire en classe ; mais ma mère ne voulait pas qu'il en fût ainsi, disant qu'elle comptait me faire sortir sans en être empêchée par les règlements, qu'elle voulait me marier à sa guise, par conséquent n'avoir pas, dans ses relations avec moi, l'obstacle d'une grille et d'une consigne de tourière.

Mon cousin me quitta en me disant de prendre courage et de persister avec douceur et adresse dans le désir d'aller au couvent. Il me promettait de s'occuper de me caser au Sacré-Cœur ou à l'Abbaye-aux-Bois.

Ma mère ne voulait pas entendre parler de rester avec moi à Nohant, encore moins de m'y laisser avec Deschartres et Julie, l'une qui y conservait son logement selon le désir exprimé par ma grand'-mère, l'autre qui, ayant encore une année de bail, devait y rester comme fermier. Ma mère ne savait vivre qu'à Paris, et pourtant elle avait l'intuition vraie de la poésie des champs, l'amour et le talent du jardinage et une grande simplicité de goûts ; mais elle arrivait à l'âge où les habitudes sont impérieuses. Il lui fallait le bruit de la rue et le mouvement des boulevards. Ma sœur était tout récemment mariée ; nous devions habiter, ma mère et moi, l'appartement de ma grand'mère, rue Neuve-des-Mathurins.

Je quittai Nohant avec un serrement de cœur pareil à celui que j'avais éprouvé en quittant les Anglaises. J'y laissais toutes mes habitudes studieuses, tous mes souvenirs de cœur, et mon pauvre Deschartres seul et comme abruti de tristesse.

Ma mère ne me laissa emporter que quelques livres de prédilection. Elle avait un profond mépris pour ce qu'elle appelait mon originalité. Elle me permit cependant de garder ma femme de chambre Sophie, à laquelle j'étais attachée, et d'emmener mon chien.

Je ne sais plus quelle circonstance nous empêcha de nous installer de suite rue Neuve-des-Mathurins. Peut-être une levée de scellés à faire. Nous descendîmes chez ma tante, rue de Bourgogne, et nous y passâmes une quinzaine avant de nous installer dans l'appartement de ma grand'mère.

J'eus une grande consolation à retrouver ma cousine Clotilde, belle et bonne âme, droite, courageuse, discrète, fidèle aux affections, avec un caractère charmant, un enjouement soutenu, des talents et la science du cœur, préférable à celle des livres. Quelque enveloppées d'orages domestiques que nous fussions alors, il n'y eut jamais, ni alors ni depuis, un nuage entre nous deux. Elle aussi me trouvait un peu *originale ;* mais elle trouvait cela *très-joli, très-amusant, et m'aimait comme j'étais.*

Sa douce gaieté était un baume pour moi. Quelque malheureuse ou intempestivement tournée aux choses sérieuses que l'on soit, on a besoin de rire et de folâtrer à dix-sept ans, comme on a besoin d'exister. Ah ! si j'avais eu à Nohant cette adorable compagne, je n'aurais peut-être jamais lu tant de belles choses, mais j'aurais aimé et accepté la vie.

Nous fîmes beaucoup de musique ensemble, nous apprenant l'une à l'autre ce que nous savions un peu, moi lire, elle dire. Sa voix, un peu voilée, était d'une souplesse extrême et sa prononciation facile et agréable. Quand je me mettais avec elle au piano, j'oubliais tout.

A cette époque se place une circonstance qui m'impressionna beaucoup, non qu'elle soit bien importante, mais parce qu'elle me mettait aux prises, dès mon entrée dans la vie, avec certaines probabilités entrevues d'avance. Deschartres fut appelé à venir rendre à une assemblée de famille compte de son administration. Cela se passait chez ma tante. Mon oncle, qui faisait carrément les choses et qui était le conseil de ma mère, trouvait une lacune dans le payement des fermes, une lacune de trois ans, par conséquent dix-huit mille francs à réclamer à Deschartres. On avait appelé, je ne sais plus pourquoi, un avoué à cette conférence.

## CHAPITRE SEPTIÈME.

En effet, il y avait trois ans que Deschartres n'avait payé. J'ignore si, par tolérance ou par crainte de le laisser ruiné, ma grand'mère lui avait donné quittance d'une partie ; mais ces quittances ne se trouvèrent point. Quant à moi, je n'avais rien touché de lui et ne lui avais, par conséquent, donné aucune décharge.

Le pauvre grand homme avait, comme je l'ai dit, acheté un petit domaine dans les landes, non loin de chez nous. Comme il avait plus d'imagination que de bonheur dans ses entreprises, il avait rêvé là, à tort, une fortune ; non qu'il aimât l'argent, mais parce que toute sa science, tout son amour-propre s'engouffraient dans la perspective de transformer un terrain maigre et inculte en une terre grasse et luxuriante. Il s'était jeté dans cette aventure agricole avec la foi et la précipitation de son infaillibilité. Les choses avaient mal tourné, son régisseur l'avait volé ! Et puis il avait voulu, croyant bien faire, échanger les produits de nos terres avec ceux de la sienne. Il nous amenait du bétail maigre qui n'engraissait pas chez nous, ou qui y crevait de pléthore en peu de jours. Il envoyait chez lui nos bestiaux gourmands et gâtés qui ne s'accommodaient pas de ses ajoncs et de ses genêts, et qui y dépérissaient rapidement. Il en était ainsi des grains et de tout le reste. En somme, sa terre lui avait peu rapporté, et Nohant encore moins, relativement. Des pertes considérables et répétées l'avaient mis dans la nécessité de vendre son petit bien, mais il ne trouvait pas d'acquéreurs et ne pouvait combler son arriéré.

Je savais tout cela, bien qu'il ne m'en eût jamais parlé. Ma grand'mère m'en avait avertie, et je savais que nous ne vivions à Nohant que du produit de la maison de la rue de la Harpe et de quelques rentes sur l'État.

Ce n'était pas suffisant pour les habitudes de ma grand'mère ; sa maladie d'ailleurs avait occasionné d'assez grands frais. La gêne était réelle dans la maison, et n'ayant pas de quoi renouveler ma garde-robe, j'arrivais à Paris avec un bagage qui eût tenu dans un mouchoir de poche, et une robe pour toute toilette.

Deschartres ne pouvant fournir ces malheureuses quittances, auxquelles nous n'avions pas songé, arrivait donc de son côté pour donner ou essayer de donner des explications, ou d'obtenir des délais. Il se présenta fort troublé. J'aurais voulu être un moment seule avec lui pour le rassurer ; ma mère nous garda à vue, et l'interrogatoire commença autour d'une table chargée de registres et de paperasses.

Ma mère, fortement prévenue contre mon pauvre pédagogue et avide de lui rendre tout ce qu'il lui avait fait souffrir autrefois, goûtait, à voir son embarras, une joie terrible. Elle tenait surtout à le faire passer pour un malhonnête homme vis-à-vis de moi, à qui elle faisait un principal grief de ne pas partager son aversion.

Je vis qu'il n'y avait pas à hésiter. Ma mère avait laissé échapper le mot de prison pour dettes ; j'espère qu'elle n'eût pas exécuté une si dure menace ; mais l'orgueilleux Deschartres, attaqué dans son honneur, était capable de se brûler la cervelle. Sa figure pâle et contractée était celle d'un homme qui a pris cette résolution.

Je ne le laissai pas répondre. Je déclarai qu'il avait payé entre mes mains, et que, dans le trouble où nous avait si souvent mis l'état de ma grand'mère, nous n'avions songé ni l'un ni l'autre à la formalité des quittances.

Ma mère se leva, les yeux enflammés et la voix brève : « Ainsi, vous avez reçu dix-huit mille francs, me dit-elle, où sont-ils ?

— Je les ai dépensés apparemment, puisque je ne les ai plus.

— Vous devez les représenter ou en prouver l'emploi. »

J'invoquai l'avoué. Je lui demandai si, étant unique héritière, je me devais des comptes à moi-même, et si ma tutrice avait le droit d'exiger ceux de ma gestion des revenus de ma grand'mère.

« Non certes, répondit l'avoué. On n'a pas de

questions à vous faire là-dessus. Je demande qu'on insiste seulement sur la réalité de vos recettes. Vous êtes mineure et n'avez pas le droit de remettre une dette. Votre tutrice a celui d'exiger les rentrées qui vous sont acquises. »

Cette réponse me rendit la force prête à m'abandonner. Tomber dans une série de mensonges et de fausses explications ne m'eût peut-être pas été possible. Mais, du moment qu'il ne s'agissait que de persister dans un *oui* pour sauver Deschartres, je crus que je ne devais pas hésiter. Je ne sais pas s'il était en aussi grand péril que je me l'imaginais. Sans doute on lui eût donné le temps de vendre son domaine pour s'acquitter, et l'eût-il vendu à bas prix, il lui restait pour vivre la pension que lui avait assignée ma grand'mère par son testament[1]. Mais les idées de déshonneur et de prison pour dettes me bouleversaient l'esprit.

Ma mère insista comme le lui suggéra l'avoué. « Si M. Deschartres vous a versé dix-huit mille francs, c'est ce qu'on saura bien. Vous n'en donneriez pas votre parole d'honneur ! »

Je sentis un frisson, et je vis Deschartres prêt à tout confesser.

« Je la donnerais ! m'écriai-je.

[1] Elle avait été de quinze cents francs dans le premier brouillon du testament. Il l'avait fait réduire à mille francs, avec beaucoup d'instance et même d'emportement.

— Donne-la en ce cas, me dit ma tante, qui me croyait sincère et qui voulait voir finir ce débat.

— Non, mademoiselle, reprit l'avoué, ne la donnez pas.

— Je veux qu'elle la donne ! s'écria ma mère, à qui j'eus ensuite bien de la peine à pardonner de m'avoir infligé cette torture.

— Je la donne, lui répondis-je très-émue, et Dieu est avec moi contre vous dans cette affaire-ci !

— Elle a menti, elle ment ! cria ma mère. Une dévote ! une philosophailleuse ! Elle ment et se vole elle-même !

— Oh ! pour cela, dit l'avoué en souriant, elle en a bien le droit, et ne fait de tort qu'à sa dot.

— Je la conduirai, avec son Deschartres, jusque chez le juge de paix, dit ma mère. Je lui ferai faire serment sur le Christ, sur l'Évangile !

— Non, madame, dit l'avoué, tranquille comme un homme d'affaires, vous vous en tiendrez là ; et quant à vous, mademoiselle, me dit-il avec une certaine bienveillance, soit d'approbation, soit de pitié pour mon désintéressement, je vous demande pardon de vous avoir tourmentée. Chargé de soutenir vos intérêts, je m'y suis cru obligé. Mais personne ici n'a le droit de révoquer votre parole en doute, et je pense que l'on doit passer outre sur ce détail. »

J'ignore ce qu'il pensait de tout ceci. Je ne m'en occupai point et je n'eusse point su lire à travers la figure d'un avoué. La dette de Deschartres fut rayée au registre, on s'occupa d'autre chose et on se sépara.

Je réussis à me trouver seule un instant sur l'escalier avec mon pauvre précepteur. « Aurore, me dit-il avec les larmes dans les yeux, je vous payerai, vous n'en doutez pas?

— Certes, je n'en doute pas, répondis-je voyant qu'il éprouvait quelque humiliation. La belle affaire! Dans deux ou trois ans votre domaine sera en plein rapport.

— Sans doute! bien certainement! s'écria-t-il, rendu à la joie de ses illusions. Dans trois ans, ou il me rapportera trois mille livres de rente, ou je le vendrai cinquante mille francs. Mais j'avoue que, pour le moment, je n'en trouve que douze mille, et que si l'on m'eût retenu la pension de votre grand'mère pendant six années, il m'aurait fallu mendier je ne sais quel gagne-pain. Vous m'avez sauvé, vous avez souffert. Je vous remercie. »

Tant que je pus rester chez ma tante auprès de Clotilde, mon existence, malgré de fréquentes secousses, me parut tolérable. Mais quand je fus installée rue Neuve-des-Mathurins, elle ne le fut point.

Ma mère, irritée contre tout ce que j'aimais, me déclara que je n'irais point au couvent. Elle m'y laissa aller embrasser une fois mes religieuses et mes compagnes, et me défendit d'y retourner. Elle renvoya brusquement ma femme de chambre, qui lui déplaisait, et chassa même mon chien. Je le pleurai, parce que c'était la goutte d'eau qui faisait déborder le vase.

M. de Villeneuve vint lui demander de m'emmener dîner chez lui. Elle lui répondit que madame de Villeneuve eût à venir elle-même lui faire cette demande. Elle était dans son droit sans doute, mais elle parlait si sèchement que mon cousin perdit patience, lui répondit que jamais sa femme ne mettrait les pieds chez elle, et partit pour ne plus revenir. Je ne l'ai revu que plus de vingt ans après.

De même que mon bon cousin m'a pardonné et me pardonne encore de ne pas partager toutes ses idées, je lui pardonne de m'avoir abandonnée ainsi à mon triste sort. Pouvait-il ne pas le faire? Je ne sais. Il eût fallu de sa part une patience que je n'aurais certes pas eue pour mon compte, si je n'eusse eu affaire à ma propre mère. Et puis, quand même il eût dévoré en silence cette première algarade, n'eût-elle pas recommencé le lendemain?

Cependant il m'a fallu des années, je le confesse, pour oublier la manière dont il me quitta, sans même me dire un mot d'adieu et de consolation, sans jeter les yeux sur moi, sans me laisser une espérance, sans m'écrire le lendemain pour me dire que je trouverais toujours un appui en lui quand il me serait possible de l'invoquer. Je m'imaginai qu'il était las des ennuis que lui suscitait son impuissante tutelle, et qu'il était content de trouver une vive occasion de s'en débarrasser. Je me demandai si madame de Villeneuve, qui avait déjà l'âge d'une matrone, n'aurait pas pu, par un léger simulacre de politesse dont ma mère eût été flattée, la décider à me laisser continuer mes visites chez elle ; si, tout au moins, on n'eût pas pu tenter un peu plus, sauf à me laisser là, avec la confiance d'inspirer quelque intérêt et de pouvoir y recourir plus tard sans crainte d'être importune. Je m'attendais à quelque chose de semblable. Il n'en fut rien. La famille de mon père resta muette. L'appréhension de la trouver close m'empêcha d'y jamais frapper. Je ne sais si ma fierté fut exagérée, mais il me fut impossible de la faire plier à des avances. J'étais un enfant, il est vrai, et, bien que je n'eusse aucun tort, je devais faire les premiers pas ; mais on va voir ce qui m'en empêcha.

Mon autre cousin, Auguste de Villeneuve, frère de René, vint me voir aussi une dernière fois. Sans être aussi liée avec lui, j'étais plus familière, je ne sais pourquoi. Il était aussi très-bon, mais il manquait un peu de tact. Je me plaignis à lui de l'abandon de René : « Ah dame ! me dit-il avec son grand sang-froid indolent, tu n'as pas agi comme on te le recommandait. On voulait te voir entrer au couvent, tu ne l'as pas fait. Tu sors avec ta mère, avec sa fille, avec le mari de sa fille, avec M. Pierret. On t'a vue dans la rue avec tout ce monde-là. C'est une société impossible : je ne dis pas pour moi, ça me serait bien égal, mais pour ma belle-sœur et pour les femmes de toute famille honorable où nous aurions pu te faire entrer par un bon mariage. »

Sa franchise éclaircissait une grande question d'avenir pour moi. Je lui demandai d'abord comment il m'était possible, ayant affaire à une personne que la résistance la plus polie et la plus humble exaspérait, d'entrer au couvent contre sa volonté, de refuser de sortir avec elle et de ne pas voir son entourage. — Comme il ne pouvait me donner une réponse satisfaisante, je lui demandai si, d'ailleurs, refuser de voir ma sœur, son mari et Pierret, au cas où cela me serait possible, lui paraissait conciliable avec les liens du sang, de l'amitié et du devoir.

Il ne me répondit pas davantage; seulement il me dit : « Je vois que tu tiens à ta famille maternelle et que tu es décidée à ne jamais rompre avec tous ces braves gens-là. Je croyais le contraire ! C'est différent.

— J'ai pu, lui dis-je, dans des moments de douleur et de colère intérieure, souhaiter de quitter ma mère, qui me rend fort malheureuse, et comme je ne vois pas qu'elle soit heureuse de notre réunion, je désirerais encore beaucoup le couvent, ou bien je m'arrangerais d'un mariage qui me soustrairait à son autorité absolue; mais quelque tort qu'elle puisse avoir, j'ai toujours été résolue à la fréquenter et à ne me rendre complice d'aucun affront qui lui serait fait.

— Eh bien, reprit-il, toujours aussi froid et faisant des grimaces nerveuses qui lui étaient habituelles et qui semblaient lui servir à rassembler ses idées et ses paroles ; en bonne religion, tu as raison ; mais ainsi ne va pas le monde. Ce que nous appelons un bon mariage pour toi, c'est un homme ayant quelque fortune et de la naissance. Je t'assure qu'aucun de ces hommes-là ne viendra te trouver ici, et que, même quand tu auras attendu trois ans, l'époque de ta majorité, tu ne seras pas plus facile à bien marier qu'aujourd'hui. Quant à moi, je ne m'en chargerais pas : on me jetterait à la tête que tu as vécu trois ans chez ta mère et avec toutes sortes de bonnes gens qu'on ne serait pas fort aise de fréquenter. Ainsi, je te conseille de te marier toi-même comme tu pourras. Qu'est-ce que ça me fait, à moi, que tu épouses un roturier ? S'il est honnête homme, je le verrai parfaitement et je ne t'en aimerai certainement pas moins. Or donc, à revoir, dans ce temps-là ! car je vois que ta mère tourne autour de nous, et qu'elle va me flanquer à la porte ! »

Là-dessus, il prit son chapeau et s'en fut en me disant : « Adieu, ma tante ! »

Je ne lui en voulus pas, à lui. Il ne s'était jamais

chargé de moi. Sa franchise me mettait à l'aise, et sa promesse d'amitié constante me consolait amplement de la perte d'un *bon parti*. Je l'ai retrouvé aussi amicalement insouciant et tranquillement bon peu d'années après mon mariage.

Mais cette rupture momentanée de sa part, absolue de celle de tout le reste de la famille, me donna bien à penser.

J'avais peut-être oublié, depuis quelques années, qui j'étais, et comme quoi mon sang royal s'était perdu dans mes veines en s'alliant, dans le sein de ma mère, au sang plébéien. Je ne crois pas, je suis même certaine que je n'avais pas cru m'élever au-dessus de moi-même en regardant comme naturelle et inévitable l'idée d'entrer dans une famille noble, de même que je ne me crus pas déchue pour n'avoir plus à y prétendre. Au contraire, je me sentais soulagée d'un grand poids. J'avais toujours eu de la répugnance, d'abord par instinct, ensuite par raisonnement, à m'incorporer dans une caste qui n'existait que par la négation de l'égalité. A supposer que j'eusse été décidée au mariage, ce qui n'était réellement pas encore, j'aurais, autant que possible, suivi le vœu de ma grand'mère, mais sans être persuadée que la naissance eût la moindre valeur sérieuse, et dans le cas seulement où j'aurais rencontré un patricien sans morgue et sans préjugés.

Mon cousin Auguste me signifiait, de par la loi du monde, qu'il n'en est pas et qu'il ne peut y en avoir. Tout en avouant que ma manière de voir était religieuse et honorable pour moi, il déclarait qu'elle me déshonorait aux yeux du monde, que personne ne m'y pardonnerait d'avoir fait mon devoir, et que lui-même ne se chargerait pas de trouver quelqu'un qui dût m'approuver.

Que devais-je donc faire selon lui et selon son monde ? M'enfuir de chez ma mère, faire connaître, par un éclat, qu'elle ne me rendait pas heureuse, ou faire supposer pis encore, c'est-à-dire que mon honneur était en danger auprès d'elle ? Cela n'était pas, et si cela eût été, le retentissement de ma situation ainsi proclamée m'eût-il rendue beaucoup plus *mariable* au gré de mes cousins ?

Devais-je, à défaut de la fuite, me révolter ouvertement contre ma mère, l'injurier, la menacer ? Quoi ? que voulait-on de moi ? Tout ce que j'eusse pu faire eût été si impossible et si odieux, que je ne le comprends pas encore.

C'est bien trop me défendre sans doute d'avoir fait mon devoir ; mais si j'insiste sur ma situation personnelle, c'est que j'ai fort à cœur de prouver ce que c'est que l'opinion du monde, la justice de ses arrêts et l'importance de sa protection.

On représente toujours ceux qui secouent ses entraves comme des esprits pervers, ou tout au moins si orgueilleux et si brouillons qu'ils troublent l'ordre établi et la coutume régnante, pour le seul plaisir de mal faire. Je suis pourtant un petit exemple, entre mille plus sérieux et plus concluants, de l'injustice et de l'inconséquence de cette grande coterie plus ou moins nobiliaire qui s'intitule modestement le *monde*. En disant inconséquence et injustice, je suis calme jusqu'à l'indulgence; je devrais dire l'impiété : car, pour mon compte, je ne pouvais envisager autrement la réprobation qui devait s'attacher à moi pour avoir observé les devoirs les plus sacrés de la famille.

Qu'on sache bien que je ne m'en prenais pas, que je ne m'en suis jamais prise à mes parents paternels. Ils étaient de ce monde-là, ils n'en pouvaient refaire le code à leur usage et au mien. Ma grand'mère, ne pouvant se décider à envisager pour moi un avenir contraire à ses vœux, avait arraché d'eux la promesse de me réintégrer dans la caste où, par leurs femmes [1] (les Villeneuve n'étaient pas de vieille souche), ils avaient été réintégrés eux-mêmes. Les sacrifices qu'ils avaient dû faire pour s'y tenir, ils trouvaient naturel de me les imposer. Mais ils oubliaient que pour pousser ces sacrifices jusqu'à fouler aux pieds le respect filial (ce que certes ils n'eussent pas fait eux-

---

[1] Mademoiselle de Guibert et mademoiselle de Ségur.

mêmes), il m'eût fallu, outre un mauvais cœur et une mauvaise conscience, la croyance à l'inégalité originelle.

Or je n'acceptais pas cette inégalité. Je ne l'avais jamais comprise, jamais supposée. Depuis le dernier des mendiants jusqu'au premier des rois, je *savais*, par mon instinct, par ma conscience, par la loi du Christ surtout, que Dieu n'avait mis au front de personne ni un sceau de noblesse, ni un sceau de vasselage. Les dons mêmes de l'intelligence n'étaient rien devant lui sans la volonté du bien, et d'ailleurs cette intelligence innée, il la laissait tomber dans le cerveau d'un crocheteur tout aussi bien que dans celui d'un prince.

Je donnai des larmes à l'abandon de mes parents. Je les aimais. Ils étaient les fils de la sœur de mon père, mon père les avait chéris : ma grand'mère les avait bénis ; ils avaient souri à mon enfance ; j'aimais certains de leurs enfants : madame de la Roche-Aymon, fille de René ; Félicie, fille d'Auguste, adorable créature, morte à la fleur de l'âge, et son frère Léonce, d'un esprit charmant.

Mais je pris vite mon parti sur ce qui devait être rompu entre nous tous : les liens de l'affection et de la famille, non, certes, mais bien ceux de la solidarité d'opinion et de position.

Quant au beau mariage qu'ils devaient me procurer, je confesse que ce fut une grande satisfaction pour moi d'en être débarrassée. J'avais donné mon assentiment à une proposition de madame de Pontcarré, que ma mère repoussa. Je vis que, d'une part, ma mère ne voudrait jamais de noblesse, que, de l'autre, la noblesse ne voulait plus de moi. Je me sentis enfin libre, par la force des choses, de rompre le vœu de ma grand'mère et de me marier selon mon cœur (comme avait fait mon père), le jour où je m'y sentirais portée.

Je l'étais encore si peu que je ne renonçais point à l'idée de me faire religieuse. Ma courte visite au couvent avait ravivé mon idéal de bonheur de ce côté-là. Je me disais bien que je n'étais plus dévote à la manière de mes chères recluses; mais l'une d'elles, madame Françoise, ne l'était pas et passait pour s'occuper de science. Elle vivait là en paix comme un père dominicain des anciens jours. La pensée de m'élever par l'étude et la contemplation des plus hautes vérités au-dessus des orages de la famille et des petitesses du monde me souriait une dernière fois.

Il est bien possible que j'eusse pris ce parti à ma majorité, c'est-à-dire après trois ans d'attente, si ma vie eût été tolérable jusque-là. Mais elle le devenait de moins en moins. Ma mère ne se laissait toucher et persuader par aucune de mes résignations. Elle s'obstinait à voir en moi une ennemie secrètement irréconciliable. D'abord elle triompha de se voir débarrassée du contrôle de mon tuteur et me railla du désespoir qu'elle m'attribuait. Elle fut étonnée de me voir si bien détachée des grandeurs du monde; mais elle n'y crut pas et jura qu'elle *briserait ma sournoiserie.*

Soupçonneuse à l'excès et portée d'une manière toute maladive, toute délirante, à incriminer ce qu'elle ne comprenait pas, elle élevait, à tout propos, des querelles incroyables. Elle venait m'arracher mes livres des mains, disant qu'elle avait essayé de les lire, qu'elle n'y avait entendu goutte, et que ce devaient être de mauvais livres. Croyait-elle réellement que je fusse vicieuse ou égarée, ou bien avait-elle besoin de trouver un prétexte à ses imputations, afin de pouvoir dénigrer la *belle éducation* que j'avais reçue? Tous les jours c'étaient de nouvelles découvertes qu'elle me faisait faire sur ma *perversité.*

Quand je lui demandais avec insistance où elle avait pris de si étranges notions sur mon compte, elle disait avoir eu des correspondances à la Châtre, et savoir, jour par jour, heure par heure, tous les désordres de ma conduite. Je n'y croyais pas, je m'effrayais de l'idée que ma pauvre mère était folle. Elle le devina, un jour, au redoublement de silence et de soins qui étaient ma réponse habituelle à ses invectives. « Je vois bien, dit-elle, que tu fais semblant de me croire en délire. Je vais te prouver que je vois clair et que je marche droit. »

Elle exhiba alors cette correspondance sans vouloir me laisser jeter les yeux sur l'écriture, mais en me lisant des pages entières qu'elle n'improvisait certes pas. C'était le tissu de calomnies monstrueuses et d'aberrations stupides dont j'ai déjà parlé et dont je m'étais tant moquée à Nohant. Les ordures de la petite ville s'étaient emparées de l'imagination vive et faible de ma mère. Elles s'y étaient gravées jusqu'à y détruire le plus simple raisonnement. Elles n'en sortirent entièrement qu'au bout de plusieurs années, quand elle me vit sans prévention et que tous ses sujets d'amertume eurent disparu.

Elle se disait renseignée ainsi par un des plus intimes amis de notre maison. Je ne répondis rien, je ne pouvais rien répondre. Le cœur me levait de dégoût. Elle se mit au lit, triomphante de m'avoir *écrasée*. Je me retirai dans ma chambre; j'y restai sur une chaise jusqu'au grand jour, hébétée, ne pensant à rien, sentant mourir mon corps et mon âme tout ensemble.

# CHAPITRE HUITIÈME

Singularités, grandeurs et agitations de ma mère. — Une nuit d'expansion. — Parallèle. — Le Plessis. — Mon père James et ma mère Angèle. — Bonheur de la campagne. — Retour à la santé, à la jeunesse et à la gaieté. — Les enfants de la maison. — Opinions du temps. — Loïsa Puget. — M. Stanislas et son cabinet mystérieux. — Je rencontre mon futur mari. — Sa prédiction. — Notre amitié. — Son père. — Bizarreries nouvelles. — Retour de mon frère. — La baronne Dudevant. — Le régime dotal. — Mon mariage. — Retour à Nohant. — Automne 1823.

Pour supporter une telle existence, il eût fallu être une sainte. Je ne l'étais pas, malgré mon ambition de le devenir. Je ne sentais pas mon organisation seconder les efforts de ma volonté. J'étais affreusement ébranlée dans tout mon être. Ce *bouquet* à toutes mes agitations et à toutes mes tristesses portait un si rude coup à mon système nerveux, que je ne dormais plus du tout et que je me sentais mourir de faim, sans pouvoir surmonter le dégoût que me causait la vue des aliments. J'étais secouée à tout instant par des sursauts fébriles, et je sentais mon cœur aussi malade

## CHAPITRE HUITIÈME.

que mon corps. Je ne pouvais plus prier. J'essayai de faire mes dévotions à Pâques. Ma mère ne voulut pas me permettre d'aller voir l'abbé de Prémord, qui m'eût fortifiée et consolée. Je me confessai à un vieux bourru qui, ne comprenant rien aux révoltes intérieures contre le respect filial dont je m'accusais, me demanda le pourquoi et le comment, et si ces révoltes de mon cœur étaient bien ou mal fondées.

« Ce n'est pas là la question, lui répondis-je. Selon ma religion, elles ne doivent jamais être assez fondées pour n'être pas combattues. Je m'accuse d'avoir soutenu ce combat avec mollesse. »

Il persista à me demander de lui faire la confession de ma mère. Je ne répondis rien, voulant recevoir l'absolution et ne pas recommencer la scène de la Châtre.

« Au reste, si je vous interroge, dit-il, frappé de mon silence, c'est pour vous éprouver. Je voulais voir si vous accuseriez votre mère, et puisque vous ne le faites pas, je vois que votre repentir est réel et que je peux vous absoudre. »

Je trouvai cette épreuve inconvenante et dangereuse pour la sûreté des familles. Je me promis de ne plus me confesser au premier venu, et je commençai à sentir un grand dégoût pour la pratique d'un sacrement si mal administré. Je communiai le lendemain, mais sans ferveur, quelque effort que je fisse, et encore plus dérangée et choquée du bruit qui se faisait dans les églises que je ne l'avais été à la campagne.

Les personnes qui entouraient ma mère étaient excellentes envers moi, mais ne pouvaient ou ne savaient pas me protéger. Ma bonne tante prétendait qu'il fallait rire des lubies de sa sœur, et croyait la chose possible de ma part. Pierret, plus juste et plus intelligent que ma mère à l'habitude, mais parfois aussi susceptible et aussi fantasque, prenait ma tristesse pour de la froideur, et me la reprochait avec sa manière furibonde et comique qui ne pouvait plus me divertir. Ma bonne Clotilde ne pouvait rien pour moi. Ma sœur était froide et avait répondu à mes premières effusions avec une sorte de méfiance, comme si elle se fût attendue à de mauvais procédés de ma part. Son mari était un excellent homme qui n'avait aucune influence sur la famille. Mon grand-oncle de Beaumont ne fut point tendre. Il avait toujours eu un fonds d'égoïsme qui ne lui permettait plus de supporter une figure pâle et triste à sa table sans la taquiner jusqu'à la dureté. Il vieillissait aussi beaucoup, souffrait de la goutte, et faisait de fréquentes algarades dans son intérieur, et même à ses convives quand ils ne s'efforçaient pas de le distraire et ne réussissaient pas à l'amuser. Il commençait à aimer les commérages, et je ne sais jusqu'à quel point ma mère ne l'avait pas imprégné de ceux dont j'étais l'objet à *la Châtre!*

Ma mère n'était cependant pas toujours tendue et irritée. Elle avait ses bons retours de candeur et de tendresse par où elle me reprenait. C'était là le pire. Si j'avais pu arriver à la froideur et à l'indifférence, je serais peut-être arrivée au stoïcisme; mais cela m'était impossible. Qu'elle versât une larme, qu'elle eût pour moi une inquiétude, un soin maternel, je recommençais à l'aimer et à espérer. C'était la route du désespoir : tout était brisé et remis en question le lendemain.

Elle était malade. Elle traversait une crise qui fut exceptionnellement longue et douloureuse chez elle, sans jamais abattre son activité, son courage et son irritation. Cette énergique organisation ne pouvait franchir sans un combat terrible le seuil de la vieillesse. Encore jolie et rieuse, elle n'avait pourtant aucune jalousie de femme contre la jeunesse et la beauté des autres. C'était une nature chaste, quoi qu'on en ait dit et pensé, et ses mœurs étaient irréprochables. Elle avait le besoin des émotions violentes, et, quoique sa vie en eût été abreuvée, ce n'était jamais assez pour cette sorte de haine étrange et bien certainement fatale qu'elle avait pour le repos de l'esprit et du corps. Il lui fallait toujours renouveler son atmosphère agitée par des agitations nouvelles, changer de logement, se brouiller ou se raccommoder avec quelqu'un ou quelque chose, aller passer quelques heures à la campagne, et se dépêcher de revenir tout d'un coup pour fuir la campagne; dîner dans un restaurant, et puis dans un autre; bouleverser même sa toilette de fond en comble chaque semaine.

Elle avait de petites manies qui résumaient bien cette mobilité inquiète. Elle achetait un chapeau qui lui semblait charmant. Le soir même, elle le trouvait hideux. Elle en ôtait le nœud, et puis les fleurs, et puis les ruches. Elle transposait tout cela avec beaucoup d'adresse et de goût. Son chapeau lui plaisait ainsi tout le lendemain. Mais le jour suivant c'était un autre changement radical; et ainsi pendant huit jours, jusqu'à ce que le malheureux chapeau, toujours transformé, lui devînt indifférent. Alors elle le portait avec un profond mépris, disant qu'elle ne se souciait d'aucune toilette, et attendant qu'elle se prît de fantaisie pour un chapeau neuf.

Elle avait encore de très-beaux cheveux noirs. Elle s'ennuya d'être brune et mit une perruque blonde qui ne réussit point à l'enlaidir. Elle s'aima blonde pendant quelque temps, puis elle se déclara *filasse* et prit le châtain clair. Elle revint bientôt à un blond cendré, puis retourna à un noir doux, et fit si bien que je la vis avec des cheveux différents pour chaque jour de la semaine.

Cette frivolité enfantine n'excluait pas des occupations laborieuses et des soins domestiques très-minutieux. Elle avait aussi ses délices d'imagination et lisait M. d'Arlincourt avec rage jusqu'au milieu de la nuit, ce qui ne l'empêchait pas d'être debout à six heures du matin et de recommencer ses toilettes, ses courses, ses travaux d'aiguille, ses rires, ses désespoirs et ses emportements.

Quand elle était de bonne humeur, elle était vraiment charmante, et il était impossible de ne pas se laisser aller à sa gaieté pleine de verve et de saillies pittoresques. Malheureusement cela ne durait jamais une journée entière, et la foudre tombait sur vous on ne savait de quel coin du ciel.

Elle m'aimait cependant, ou du moins elle aimait en moi le souvenir de mon père et celui de mon enfance; mais elle haïssait aussi en moi le souvenir de ma grand'mère et de Deschartres. Elle avait couvé trop de ressentiment et dévoré trop d'humiliations intérieures pour n'avoir pas besoin d'une éruption de volcan longue, terrible, complète. La réalité ne lui suffisait pas pour accuser et maudire. Il fallait que l'imagination se mît de la partie. Si elle digérait mal, elle se croyait empoisonnée et n'était pas loin de m'en accuser.

Un jour, ou plutôt une nuit, je crus que toute amertume devait être effacée entre nous et que nous allions nous entendre et nous aimer sans souffrance.

Elle avait été dans le jour d'une violence extrême, et comme de coutume, elle était bonne et pleine de raison dans son apaisement. Elle se coucha et me dit de rester près de son lit jusqu'à ce qu'elle dormît, parce qu'elle se sentait triste. Je l'amenai, je ne sais comment, à m'ouvrir son cœur, et j'y lus tout le malheur de sa vie et de son organisation. Elle me raconta plus de choses que je n'en voulais savoir, mais je dois dire qu'elle le fit avec une simplicité et une sorte de grandeur singulière. Elle s'anima au souvenir de ses émotions, rit, pleura, accusa, raisonna même avec beaucoup d'esprit, de sensibilité et de force. Elle voulait m'initier au secret de toutes ses infortunes, et, comme emportée par une fatalité de la douleur, elle cherchait en moi l'excuse de ses souffrances et la réhabilitation de son âme.

« Après tout, dit-elle en se résumant et en s'asseyant sur son lit, où elle était belle avec son madras rouge sur sa figure pâle qu'éclairaient de si grands yeux noirs, je ne me sens coupable de rien. Il ne me semble pas que j'aie jamais commis sciemment une mauvaise action ; j'ai été entraînée, poussée, souvent forcée de voir et d'agir. Tout mon crime, c'est d'avoir aimé. Ah ! si je n'avais pas aimé ton père, je serais riche, libre, insouciante et sans reproche, puisque avant ce jour-là je n'avais jamais réfléchi à quoi que ce soit. Est-ce qu'on m'avait enseigné à réfléchir, moi? Je ne savais ni *a* ni *b*. Je n'étais pas plus fautive qu'une linotte. Je disais mes prières soir et matin comme on me les avait apprises, et jamais Dieu ne m'avait fait sentir qu'elles ne fussent pas bien reçues.

» Mais à peine me fus-je attachée à ton père que le malheur et le tourment se mirent après moi. On me dit, on m'apprit que j'étais indigne d'aimer. Je n'en savais rien et je n'y croyais guère. Je sentais mon cœur plus aimant et mon amour plus vrai que ceux de ces grandes dames qui me méprisaient et à qui je le rendais bien. J'étais aimée. Ton père me disait : « Moque-toi de tout cela comme je m'en » moque. » J'étais heureuse et je le voyais heureux. Comment aurais-je pu me persuader que je le déshonorais ?

» Voilà pourtant ce qu'on m'a dit sur tous les tons, quand il n'a plus été là pour me défendre. Il m'a fallu alors réfléchir, m'étonner, me questionner, arriver à me sentir humiliée et à me détester moi-même, ou bien à humilier les autres dans leur hypocrisie et à les détester de toutes mes forces.

» C'est alors que moi, si gaie, si insouciante, si sûre de moi, si franche, je me suis senti des ennemis. Je n'avais jamais haï : je me suis mise à haïr presque tout le monde. Je n'avais jamais pensé à ce que c'est que votre belle société avec sa morale, ses manières, ses prétentions. Ce que j'en avais vu m'avait toujours fait rire comme très-drôle. J'ai vu que c'était méchant et faux. Ah! je te déclare bien que si, depuis mon veuvage, j'ai vécu sagement, ce n'est pas pour faire plaisir à ces gens-là, qui exigent des autres ce qu'ils ne font pas. C'est parce que je ne pouvais plus faire autrement. Je n'ai aimé qu'un homme dans ma vie, et après l'avoir perdu, je ne me souciais plus de rien ni de personne. »

Elle pleura, au souvenir de mon père, des torrents de larmes, s'écriant : « Ah! que je serais devenue bonne si nous avions pu vieillir ensemble ! Mais Dieu me l'a arraché tout au milieu de mon bonheur. Je ne maudis pas Dieu : il est le maître ; mais je déteste et maudis l'humanité !.... » — Et elle ajouta naïvement et comme lasse de cette effusion : « *Quand j'y pense.* Heureusement je n'y pense pas toujours. »

C'était la contre-partie de la confession de ma grand'mère que j'entendais et recevais. La mère et l'épouse se trouvaient là en complète opposition dans l'effet de leur douleur. L'une qui, ne sachant plus que faire de sa passion et ne pouvant la reporter sur personne, acceptait l'arrêt du ciel, mais sentait son énergie se convertir en haine contre le genre humain ; l'autre qui, ne sachant plus que

## CHAPITRE HUITIÈME.

faire de sa tendresse, avait accusé Dieu, mais avait reporté sur ses semblables des trésors de charité.

Je restais ensevelie dans les réflexions que soulevait en moi ce double problème. Ma mère me dit brusquement : « Eh bien ! je t'en ai trop dit, je le vois, et à présent tu me condamnes et me méprises en connaissance de cause ! J'aime mieux ça. J'aime mieux t'arracher de mon cœur et n'avoir plus rien à aimer après ton père, pas même toi !

— Quant à mon mépris, lui répondis-je en la prenant toute tremblante et toute crispée entre mes bras, vous vous trompez bien. Ce que je méprise, c'est le mépris du monde. Je suis aujourd'hui pour vous contre lui, bien plus que je ne l'étais à cet âge que vous me reprochez toujours d'avoir oublié. Vous n'aviez que mon cœur, et à présent ma raison et ma conscience sont avec vous. C'est le résultat de ma *belle éducation* que vous raillez trop, de la religion et de la philosophie que vous détestez tant. Pour moi, votre passé est sacré, non pas seulement parce que vous êtes ma mère, mais parce qu'il m'est prouvé par le raisonnement que vous n'avez jamais été coupable.

— Ah ! vraiment ! mon Dieu ! s'écria ma mère, qui m'écoutait avec avidité. Alors, qu'est-ce que tu condamnes donc en moi ?

— Votre aversion et vos rancunes contre ce monde, ce genre humain tout entier sur qui vous êtes entraînée à vous venger de vos souffrances. L'amour vous avait faite heureuse et grande, la haine vous fait injuste et malheureuse.

— C'est vrai, c'est vrai! dit-elle. C'est trop vrai! Mais comment faire? Il faut aimer ou haïr. Je ne peux pas être indifférente et pardonner par lassitude.

— Pardonnez au moins par charité.

— La charité? oui, tant qu'on voudra pour les pauvres malheureux qu'on oublie ou qu'on méprise parce qu'ils sont faibles! Pour les pauvres filles perdues qui meurent dans la crotte pour n'avoir jamais pu être aimées. De la charité pour ceux qui souffrent sans l'avoir mérité? Je leur donnerais jusqu'à ma chemise, tu le sais bien! Mais de la charité pour *les comtesses,* pour madame une telle qui a déshonoré cent fois un mari aussi bon que le mien, par galanterie; pour monsieur un tel qui n'a blâmé l'amour de ton père que le jour où j'ai refusé d'être sa maîtresse.... Tous ces gens-là, vois-tu, sont des infâmes; ils font le mal, ils aiment le mal, et ils ont de la religion et de la vertu plein la bouche.

— Vous voyez pourtant qu'il y a, outre la loi divine, une loi fatale qui nous prescrit le pardon des injures et l'oubli des souffrances personnelles, car cette loi nous frappe et nous punit quand nous l'avons trop méconnue.

— Comment ça ? explique-toi clairement.

— A force de nous tendre l'esprit et de nous armer le cœur contre les gens mauvais et coupables, nous prenons l'habitude de méconnaître les innocents et d'accabler de nos soupçons et de nos rigueurs ceux qui nous respectent et nous chérissent.

— Ah ! tu dis cela pour toi ! s'écria-t-elle.

— Oui, je le dis pour moi ; mais je pourrais aussi le dire pour ma sœur, pour la vôtre, pour Pierret. Ne le croyez-vous pas, ne le dites-vous pas vous-même, quand vous êtes calme ?

— C'est vrai que je fais enrager tout le monde quand je m'y mets, reprit-elle ; mais je ne sais pas le moyen de faire autrement. Plus j'y pense, plus je recommence, et ce qui m'a paru le plus injuste de ma part en m'endormant est ce qui me paraît le plus juste quand je me réveille. Ma tête travaille trop. Je sens quelquefois qu'elle éclate. Je ne suis bien portante et raisonnable que quand je ne pense à rien ; mais cela ne dépend pas de moi du tout. Plus je veux ne pas penser, plus je pense. Il faut que l'oubli vienne tout seul, à force de fatigue. C'est donc ce qu'on apprend dans tes livres, la faculté de ne rien penser du tout ? »

On voit par cet entretien combien il m'était impossible d'agir sur l'instinct passionné de ma mère par le raisonnement, puisqu'elle prenait l'émotion de ses pensées tumultueuses pour de la réflexion, et cherchait son soulagement dans un étourdissement de lassitude qui lui ôtait toute conscience soutenue de ses injustices. Il y avait en elle un fonds de droiture admirable, obscurci à chaque instant par une fièvre d'imagination malade qu'elle n'était plus d'âge à combattre, ayant d'ailleurs vécu dans une complète ignorance des armes intellectuelles qu'il eût fallu employer.

C'était pourtant une âme très-religieuse, et elle aimait Dieu ardemment, comme un refuge contre l'injustice des autres et contre la sienne propre. Elle ne voyait de clémence et d'équité qu'en lui, et, comptant sur une miséricorde sans limites, elle ne songeait pas à ranimer et à développer en elle le reflet de cette perfection. Il n'était même pas possible de lui faire entendre par des mots l'idée de cette relation de la volonté avec Celui qui nous la donne. « Dieu, disait-elle, sait bien que nous sommes faibles, puisqu'il lui a plu de nous faire ainsi. »

La dévotion de ma sœur l'irritait souvent. Elle abhorrait les prêtres, et lui parlait de *ses* curés comme elle me parlait de *mes* vieilles *comtesses*. Elle ouvrait souvent les Évangiles pour en lire quelques versets. Cela lui faisait du bien ou du mal, selon qu'elle était bien ou mal disposée. Calme, elle s'attendrissait aux larmes et aux parfums de Madeleine; irritée, elle traitait le prochain comme Jésus traita les vendeurs dans le temple.

Elle s'endormit en me bénissant, en me remerciant *du bien que je lui avais fait*, et en déclarant qu'elle serait désormais toujours juste pour moi. « Ne t'inquiète plus, me dit-elle ; je vois bien à présent que tu ne méritais pas tout le chagrin que je t'ai fait. Tu vois juste, tu as de bons sentiments. Aime-moi, et sois bien certaine qu'au fond je t'adore. »

Cela dura trois jours. C'était bien long pour ma pauvre mère. Le printemps était arrivé, et, à cette époque de l'année ma grand'mère avait toujours remarqué que son caractère s'aigrissait davantage, et frisait par moments l'aliénation ; je vis qu'elle ne s'était pas trompée.

Je crois que ma mère elle-même sentit son mal et désira être seule pour me le cacher. Elle me mena à la campagne, chez des personnes qu'elle avait vues trois jours auparavant à un dîner chez un vieux ami de mon oncle de Beaumont, et me quitta le lendemain de notre arrivée en me disant : « Tu n'es pas bien portante : l'air de la campagne te fera du bien. Je viendrai te chercher la semaine prochaine. »

Elle m'y laissa quatre ou cinq mois.

J'aborde de nouveaux personnages, un nouveau milieu où le hasard me jeta brusquement, et où la Providence me fit trouver des êtres excellents, des amis généreux, un temps d'arrêt dans mes souffrances, et un nouvel aspect des choses humaines.

Madame Roettiers du Plessis était la plus franche et la plus généreuse nature du monde. Riche héritière, elle avait aimé dès l'enfance son oncle James Roettiers, capitaine de chasseurs, *troupier fini*, dont la vive jeunesse avait beaucoup effrayé la famille. Mais l'instinct du cœur n'avait pas trompé la jeune Angèle. James fut le meilleur des époux et des pères. Ils avaient cinq enfants et dix ans de mariage quand je les connus. Ils s'aimaient comme au premier jour et se sont toujours aimés ainsi.

Madame Angèle, bien qu'à vingt-sept ans elle eût les cheveux gris, était charmante. Elle manquait de grâce, ayant toujours eu la pétulance, la franchise d'un garçon, et la plus complète absence de coquetterie; mais sa figure était délicate et jolie; sa fraîcheur, qui contrastait avec cette chevelure argentée, rendait sa beauté très-originale.

James avait la quarantaine et le front très-dégarni; mais ses yeux, bleus et ronds, pétillaient d'esprit et de gaieté, et toute sa physionomie peignait la bonté et la sincérité de son âme.

Les cinq enfants étaient cinq filles, dont une était élevée par le frère aîné de James, les quatre autres, habillées en garçons, couraient et grouillaient dans la maison la plus rieuse et la plus bruyante que j'eusse jamais vue.

Le château était une grande villa du temps de Louis XVI, jetée en pleine Brie, à deux lieues de

Melun. Absence complète de vue et de poésie aux alentours, mais en revanche un parc très-vaste et d'une belle végétation : des fleurs, des gazons immenses, toutes les aises d'une habitation que l'on ne quitte en aucune saison, et le voisinage d'une ferme considérable qui peuplait de bestiaux magnifiques les prairies environnantes. Madame Angèle et moi nous nous prîmes d'amitié à première vue. Bien qu'elle eût l'air d'un garçon sans en avoir les habitudes, tandis que j'en avais un peu l'éducation sans en avoir l'air, il y avait entre nous ce rapport, que nous ne connaissions ni ruses ni vanités de femme, et nous sentîmes tout d'abord que nous ne serions jamais, en rien et à propos de personne, la rivale l'une de l'autre ; que, par conséquent, nous pouvions nous aimer sans méfiance et sans risque de nous brouiller jamais.

Ce fut elle qui provoqua ma mère à me laisser chez elle. Elle avait compté que nous y passerions huit jours. Ma mère s'ennuya dès le lendemain, et comme je soupirais en quittant déjà ce beau parc tout souriant de sa parure printanière, et ces figures ouvertes et sympathiques qui interrogeaient la mienne, madame Angèle, par sa décision de caractère et sa bienveillance assurée, trancha la difficulté. Elle était mère de famille si irréprochable, que ma propre mère ne pouvait s'inquiéter du *qu'en dira-t-on*, et comme cette maison était un terrain neutre pour ses antipathies et ses ressentiments, elle accepta sans se faire prier.

Cependant, comme au bout de la semaine, elle ne faisait pas mine de revenir, je commençai à m'inquiéter, non pas de mon abandon dans une famille que je voyais si respectable et si parfaite, mais de la crainte d'être à charge, et j'avouai mon embarras.

James me prit à part et me dit : « Nous savons toute l'histoire de votre famille. J'ai un peu connu votre père à l'armée, et j'ai été mis au courant, le jour où je vous ai vue à Paris, de ce qui s'est passé depuis sa mort ; comment vous avez été élevée par votre grand'mère, et comment vous êtes retombée sous la domination de votre mère. J'ai demandé pourquoi vous ne pouviez pas vous entendre avec elle. On m'a appris, et je l'ai vu au bout de cinq minutes, qu'elle ne pouvait se défendre de dire du mal de sa belle-mère devant vous, que cela vous blessait mortellement, et qu'elle vous tourmentait d'autant plus que vous baissiez la tête en silence. Votre air malheureux m'a intéressé à vous. Je me suis dit que ma femme vous aimerait comme je vous aimais déjà, que vous seriez pour elle une société sûre et une amie agréable. Vous avez parlé en soupirant du bonheur de vivre à la campagne. Je me suis promis du plaisir à vous donner ce plaisir-là. J'ai parlé le soir tout franchement à votre mère, et comme elle me disait avec la même franchise qu'elle s'ennuyait de votre figure triste et désirait vous voir mariée, je lui ai dit qu'il n'y avait rien de plus facile que de marier une fille qui a une dot, mais qu'elle ne vivait pas de manière à vous mettre à même de choisir; car je voyais bien que vous êtes une personne à vouloir choisir, et vous avez raison. Alors je l'ai engagée à venir passer quelques semaines ici, où vous voyez que nous recevons beaucoup d'amis ou de camarades à moi, que je connais à fond, et sur lesquels je ne la laisserais pas se tromper. Elle a eu confiance, elle est venue ; mais elle s'est ennuyée, et elle est partie. Je suis sûr qu'elle consentira très-bien à vous laisser avec nous tant que vous voudrez. Y consentez-vous vous-même ? Vous nous ferez plaisir, nous vous aimons déjà tout à fait. Vous me faites l'effet d'être ma fille, et ma femme raffole de vous. Nous ne vous tourmenterons pas sur l'article du mariage. Nous ne vous en parlerons jamais, parce que nous aurions l'air de vouloir nous débarrasser de vous, ce qui ne ferait pas le compte d'Angèle ; mais si, parmi les braves gens qui nous entourent et nous fréquentent, il se trouve quelqu'un qui vous plaise, dites-le-nous, et nous vous dirons loyalement s'il vous convient ou non.

Madame Angèle vint joindre ses instances à celles de son mari. Il n'y avait pas moyen de se tromper à leur sincérité, à leur sympathie. Ils voulaient être mon père et ma mère, et je pris l'habitude, que j'ai toujours gardée, de les appeler ainsi. Toute la maison s'y habitua aussitôt, jusqu'aux domestiques, qui me disaient : « Mademoiselle, votre père vous cherche, votre mère vous demande. » Ces mots en disent plus que ne le ferait un récit détaillé des soins, des attentions, des tendresses délicates et soutenues qu'eurent pour moi ces deux excellents êtres. Madame Angèle me vêtit et me chaussa, car j'étais en guenilles et en savates. J'eus à ma disposition une bibliothèque, un piano et un cheval excellent. C'était le superflu de mon bonheur.

J'eus quelque ennui d'abord des assiduités d'un brave officier en retraite qui me fit la cour. Il n'avait absolument rien que sa demi-solde et il était le fils d'un paysan. Cela me mit bien mal à l'aise pour le décourager. Il ne me plaisait pas du tout, et il était si honnête homme que je n'osais point croire qu'il ne fût épris que de ma dot. J'en parlai au père James en lui remontrant qu'il m'ennuyait, mais que j'avais si grand' peur de l'humilier et de lui laisser croire que je le dédaignais à cause de sa pauvreté, que je ne savais comment m'y prendre pour m'en débarrasser. Il s'en chargea, et ce brave garçon partit sans rancune contre moi.

Plusieurs autres offres de mariage furent faites

par mon oncle Maréchal, mon oncle de Beaumont, Pierret, etc. Il y en eut de très-satisfaisantes, pour parler le langage du monde, sous le rapport de la fortune et même de la naissance, malgré la prédiction de mon cousin Auguste. Je refusai tout, non pas brusquement, ma mère s'y fût obstinée, mais avec assez d'adresse pour qu'on me laissât tranquille. Je ne pouvais accepter l'idée d'être demandée en mariage par des gens qui ne me connaissaient pas, qui ne m'avaient jamais vue, et qui par conséquent ne songeaient qu'à faire *une affaire*.

Mes bons parents du Plessis, voyant bien réellement que je n'étais pas pressée, me prouvèrent bien réellement aussi qu'ils n'étaient pas pressés non plus de me voir prendre un parti. Ma vie auprès d'eux était enfin conforme à mes goûts et salutaire à mon cœur malade.

Je n'ai pas dit tout ce que j'avais souffert de la part de ma mère. Je n'ai pas besoin d'entrer dans le détail de ses violences et de leurs causes, qui étaient si fantasques qu'elles en paraîtraient invraisemblables. A quoi bon d'ailleurs? Elles sont bien mille fois pardonnées dans mon cœur, et comme je ne me crois pas meilleure que Dieu, je suis bien certaine qu'il les lui a pardonnées aussi. Pourquoi offrirais-je ce détail au jugement de beaucoup de lecteurs, qui ne sont peut-être ni plus patients, ni plus justes à l'habitude, que ne l'était ma pauvre mère dans ses crises nerveuses? J'ai tracé fidèlement son caractère, j'en ai montré le côté grand et le côté faible. Il n'y a à voir en elle qu'un exemple de la fatalité produite bien moins par l'organisation de l'individu que par les influences de l'ordre social : la réhabilitation refusée à l'être qui s'en montre digne ; le désespoir et l'indignation de cet être généreux, réduit à douter de tout et à ne pouvoir plus se gouverner lui-même.

Cela seul était utile à dire. Le reste ne regarde que moi. Je dirai donc seulement que je manquai de force pour supporter ces inévitables résultats de sa douleur. La mort de mon père avait été pour moi une catastrophe que mon jeune âge m'avait empêchée de comprendre, mais dont je devais subir et sentir les conséquences pendant toute ma jeunesse.

Je les comprenais enfin, mais cela ne me donnait pas encore le courage nécessaire pour les accepter. Il faut avoir connu les passions de la femme et les tendresses de la mère pour entrer dans la tolérance complète dont j'aurais eu besoin. J'avais l'orgueil de ma candeur, de mon inexpérience, de ma facile égalité d'âme. Ma mère avait raison de me dire souvent : « Quand tu auras souffert comme moi, tu ne seras plus *sainte Tranquille!* »

J'avais réussi à me contenir, c'était tout ; mais

j'avais eu plusieurs accès de colère muette, qui m'avaient fait un mal affreux, et après lesquels je m'étais sentie reprise de ma maladie de suicide. Toujours ce mal étrange changeait de forme dans mon imagination. Cette fois j'avais éprouvé le désir de mourir d'inanition, et j'avais failli le satisfaire malgré moi, car il me fallait pour manger un tel effort de volonté, que mon estomac repoussait les aliments, mon gosier se serrait, rien ne passait, et je ne pouvais pas me défendre d'une joie secrète en me disant que cette mort par la faim allait arriver sans que j'en fusse complice.

J'étais donc très-malade quand j'allai au Plessis, et ma tristesse était tournée à l'hébétement. Peut-être que c'était trop d'émotions répétées pour mon âge.

L'air des champs, la vie bien réglée, une nourriture abondante et variée, où je pouvais choisir, au commencement, ce qui répugnait le moins aux révoltes de mon appétit détruit; l'absence de tracasseries et d'inquiétudes, et l'amitié surtout, la sainte amitié, dont j'avais besoin plus que de tout le reste, m'eurent bientôt guérie. Jusque-là je n'avais pas su combien j'aimais la campagne et combien elle m'était nécessaire. Je croyais n'aimer que Nohant. Le Plessis s'empara de moi comme un Éden. Le parc était à lui seul toute la nature, qui méritait un regard dans cet affreux pays plat. Mais qu'il était charmant, ce parc immense, où les chevreuils bondissaient dans des fourrés épais, dans des clairières profondes, autour des eaux endormies de ces mares mystérieuses que l'on découvre sous les vieux saules et sous les grandes herbes sauvages ! Certains endroits avaient la poésie d'une forêt vierge. Un bois vigoureux est toujours et en toute saison une chose admirable.

Il y avait aussi de belles fleurs et des orangers embaumés autour de la maison, un jardin potager luxuriant. J'ai toujours aimé les potagers. Tout cela était moins rustique, mieux tenu, mieux distribué, partant moins pittoresque et moins rêveur que Nohant ; mais quelles longues voûtes de branches, quelles perspectives de verdure, quels beaux temps de galop dans les allées sablonneuses ! Et puis, des hôtes jeunes, des figures toujours gaies, des enfants terribles si bons enfants ! Des cris, des rires, des parties de barres effrénées, une escarpolette à se casser le cou ! Je sentis que j'étais encore un enfant moi-même. Je l'avais oublié. Je repris mes goûts de pensionnaire, les courses échevelées, les rires sans sujet, le bruit pour l'amour du bruit, le mouvement pour l'amour du mouvement. Ce n'étaient plus les promenades fiévreuses ou les mornes rêveries de Nohant, l'activité où l'on se jette avec rage pour secouer le chagrin, l'abattement où l'on voudrait pouvoir s'oublier toujours. C'était la véritable partie de plaisir, l'amusement à plusieurs, la vie de famille pour laquelle, sans m'en douter, j'étais si bien faite, que je n'ai jamais pu en supporter d'autre sans tomber dans le spleen.

C'est là que je renonçai pour la dernière fois aux rêves du couvent. Depuis quelques mois, j'y étais revenue naturellement dans toutes les crises de ma vie extérieure. Je compris enfin, au Plessis, que je ne vivrais pas facilement ailleurs que dans un air libre et sur un vaste espace, toujours le même si besoin était, mais sans contrainte dans l'emploi du temps et sans séparation forcée avec le spectacle de la vie paisible et poétique des champs.

Et puis, j'y compris aussi, non pas l'exaltation de l'amour, mais les parfaites douceurs de l'union conjugale et de l'amitié vraie, en voyant le bonheur d'Angèle ; cette confiance suprême, ce dévouement tranquille et absolu, cette sécurité d'âme qui régnaient entre elle et son mari au lendemain déjà de la première jeunesse. Pour quiconque n'eût pu obtenir du ciel que la promesse de dix années d'un tel bonheur, ces dix années valaient toute une vie.

J'avais toujours adoré les enfants, toujours recherché, à Nohant et au couvent, la société fréquente d'enfants plus jeunes que moi. J'avais tant aimé et tant soigné mes poupées, que j'avais l'instinct prononcé de la maternité. Les quatre filles de ma mère Angèle lui donnaient bien du tourment ; mais c'était le *cher tourment* dont se plaignait madame Alicia avec moi, et c'était encore bien mieux : c'étaient les enfants de ses entrailles, l'orgueil de son hyménée, la préoccupation de tous ses instants, le rêve de son avenir.

James n'avait qu'un regret, c'était de n'avoir pas au moins un fils. Pour s'en donner l'illusion, il voulait voir le plus longtemps possible ses filles habillées en garçon. Elles portaient des pantalons et des jaquettes rouges, garnis de boutons d'argent, et avaient la mine de petits soldats mutins et courageux. A elles se joignaient souvent les trois filles de sa sœur madame Gondoin Saint-Aignan, dont l'aînée m'a été bien chère; et puis Loïsa Puget, dont le père était associé à mon père James dans l'exploitation d'une usine; enfin quelques garçons de la famille ou de l'intimité, Norbert Saint-Martin, fils du plus jeune des Roettiers, Eugène Sandré et les neveux d'un vieux ami. Quand tout ce petit monde était réuni, j'étais l'aînée de la bande et je menais les jeux, où je prenais, assez longtemps encore après mon mariage, autant de plaisir pour mon compte que le dernier de la nichée.

Je redevenais donc jeune, je retrouvais mon âge véritable au Plessis. J'aurais pu lire, veiller, réfléchir; j'avais des livres à discrétion et la plus entière liberté. Il ne me vint pas à l'esprit d'en profiter. Après les cavalcades et les jeux de la journée, je tombais de sommeil aussitôt que j'avais mis le pied dans ma chambre, et je me réveillais pour recommencer. Les seules réflexions qui me vinssent, c'était la crainte d'avoir à réfléchir. J'en avais trop pris à la fois ; j'avais besoin d'oublier le monde des idées, et de m'abandonner à la vie de sentiment paisible et d'activité juvénile.

Il paraît que ma mère m'avait annoncée là comme une *pédante*, un *esprit fort*, une *originale*. Cela avait un peu effrayé ma mère Angèle, qui en avait eu d'autant plus de mérite à s'intéresser quand même à mon malheur ; mais elle attendit vainement que je fisse paraître mon bel esprit et ma vanité. Deschartres était le seul être avec qui je me fusse permis d'être pédante ; puisqu'il était pédant lui-même et dogmatisait sur toutes choses, il n'y avait guère moyen de ne pas disserter avec lui. Qu'aurais-je fait au Plessis de mon petit bagage d'écolier ? Cela n'eût ébloui personne, et je trouvais bien plus agréable de l'oublier que d'en repaître les autres et moi-même. Je n'éprouvais le besoin d'aucune discussion, puisque mes idées ne rencontraient autour de moi aucune espèce de contradiction. La chimère de la naissance n'eût été, dans cette famille d'ancienne bourgeoisie, qu'un sujet de plaisanterie sans aigreur, et comme elle n'y avait pas d'adeptes, elle n'y avait pas non plus d'adversaires. On n'y pensait pas, on ne s'en occupait jamais.

A cette époque, la bourgeoisie n'avait pas la

morgue qu'elle a acquise depuis et l'amour de l'argent n'était point passé en dogme de morale publique. Quand même il en eût été ainsi d'ailleurs, il en eût été autrement au Plessis. James avait de l'esprit, de l'honneur et du bon sens. Sa femme, qui était tout cœur et toute tendresse, l'avait enrichi alors qu'il n'avait rien. Le pur amour, le complet désintéressement étaient la religion et la morale de cette noble femme. Comment me serais-je trouvée en désaccord sur quoi que ce soit avec elle ou avec les siens? Cela n'arriva jamais.

Leur opinion politique était le bonapartisme non raisonné, à l'état de passion contre la restauration monarchique, œuvre de la lance des Cosaques et de la trahison des grands généraux de l'empire. Ils ne voyaient pas dans la bourgeoisie dont ils faisaient partie une trahison plus vaste, une invasion plus décisive. Cela ne se voyait pas alors, et la chute de l'empereur n'était bien comprise par personne. Les débris de la grande armée ne songeaient pas à l'imputer au libéralisme doctrinaire, qui en avait pourtant bien pris sa bonne part. Dans les temps d'oppression, toutes les oppositions arrivent vite à se donner la main. L'idée républicaine se personnifiait alors dans Carnot, et les bonapartistes purs se réconciliaient avec l'idée, à cause de l'homme qui avait été grand avec Napoléon dans le malheur et dans le danger de la patrie.

## CHAPITRE HUITIÈME.

Je pouvais donc continuer à être républicaine avec Jean-Jacques Rousseau, et bonapartiste avec mes amis du Plessis, ne connaissant pas assez l'histoire de mon temps, et n'étant pas, en ce moment-là, assez portée à la réflexion et à l'étude des causes pour me débrouiller dans la divergence des faits ; mes amis, comme la plupart des Français à cette époque, n'y voyaient pas moins trouble que moi.

Il y avait pourtant des opinions auprès de nous qui eussent dû me donner à penser. Le frère aîné de James et quelques-uns de ses plus vieux amis s'étaient ralliés avec ardeur à la monarchie et détestaient le souvenir des guerres ruineuses de l'empire. Était-ce affaire d'intérêt, considération de fortune, ou amour de la sécurité ? James bataillait contre eux en vrai chevalier de la France, ne voyant que l'honneur du drapeau, l'horreur de l'étranger, la honte de la défaite et la douleur de la trahison. Après sept ans de restauration, il avait encore des larmes pour les héros du passé, et comme il n'était ni bête, ni ridicule, ni *culotte de peau*, on écoutait avec émotion ses longues histoires de guerre souvent répétées, mais toujours pittoresques et saisissantes. Je les savais par cœur, et je les écoutais encore, y découvrant un talent de romancier historique qui m'attachait, quoique je fusse bien loin de songer à devenir un romancier moi-même. Quelques passages du roman de *Jacques* m'ont été suggérés par de vagues souvenirs des récits de mon père James.

Puisque j'ai nommé Loïsa Puget, que j'ai perdue de vue au bout de deux ou trois ans, je dois un souvenir à cette enfant remarquable, que j'ai à peine connue jeune fille. Elle avait quelques années de moins que moi, et cela faisait alors une si grande différence, que je ne me rappelle pas sans quelque étonnement l'espèce de liaison que nous avions ensemble. Il est certain qu'elle fut à peu près le seul être avec qui je m'entretins parfois d'art et de littérature au Plessis. Elle était donc d'une grande précocité d'esprit et montrait une aptitude en même temps qu'une paresse singulières dans toutes ses études. Elle fut, je crois, une victime de la *facilité*. Elle comprenait tout d'emblée et s'assimilait promptement toutes les idées musicales et littéraires. Sa mère avait été cantatrice en province, et quoiqu'elle eût la voix cassée, chantait encore admirablement bien quand elle consentait à se faire entendre en petit comité. Elle était aussi très-bonne musicienne et tourmentait Loïsa pour qu'elle étudiât sérieusement, au lieu d'improviser au hasard. Loïsa, qui avait du bonheur dans ses improvisations, ne l'écoutait guère. C'était un enfant terrible, plus terrible que tous ceux du Plessis. Jolie comme un ange, pleine de reparties drôles, elle savait se faire gâter par tout le monde. Je crois qu'elle s'est gâtée aussi elle-même à force de se contenter, esprit facile, de ses idées faciles. Elle a produit des choses gaies d'intention, spontanées, d'un rhythme heureux, d'une couleur nette et d'une parfaite rondeur. Ce sont des qualités qui l'emportent encore sur la vulgarité du genre. Mais moi qui me souviens d'elle plus qu'elle ne l'imagine peut-être (car j'étais déjà dans l'âge de l'attention quand elle n'était encore que dans celui de l'intuition), je sais qu'il y avait en elle beaucoup plus qu'elle n'a donné ; et si l'on me disait que, retirée et comme oubliée en province, elle a produit quelque œuvre plus sérieuse et plus sentie que ses anciennes chansons, ne fût-ce que d'autres chansons (car la forme et la dimension ne font rien à la qualité des choses), je ne serais pas étonnée du tout d'un progrès immense de sa part.

Il y avait dans la maison un personnage assez fantastique qui s'appelait monsieur Stanislas Hue. C'était un vieux garçon surmonté d'un gazon jaunâtre et dont les traits durs n'étaient pas sans quelque analogie avec ceux de Deschartres : mais il ne s'y trouvait point la ligne de beauté originelle qui, en dépit du hâle, de l'âge et de l'expression à la fois bourrue et comique, révélait la beauté de l'âme de mon pédagogue. Le père Stanislas, on appelle volontiers ainsi ces vieux hommes sans famille qui passent à l'état de moines grognons, n'était ni bon ni dévoué. Il était souvent aimable, ne manquant ni de savoir ni d'esprit : mais il pensait et disait volontiers du mal de tout le monde. Il voyait en noir, et n'avait peut-être pas le droit d'être misanthrope, n'étant pas meilleur et plus aimant qu'un autre.

Ses manies divertissaient la famille, bien qu'on n'osât pas en rire devant lui. Je l'osai pourtant, ayant l'habitude de faire rire Deschartres de lui-même et croyant la plaisanterie ouverte plus acceptable que la moquerie détournée. Je le rendis furieux, et puis il en revint. Et puis, il se refâcha et se défâcha je ne sais combien de fois. Tantôt il avait un faible pour mes taquineries et les provoquait. Tantôt elles l'irritaient d'une façon burlesque. Il était pourtant très-obligeant pour moi en général. Le beau cheval que je montais était à lui. C'était un andalou noir appelé Figaro qui avait vint-cinq ans, mais qui avait encore la souplesse, l'ardeur et la solidité d'un jeune cheval. Quelquefois son maître me le refusait, quand je l'avais mis de mauvaise humeur. Figaro se trouvait tout à coup boiteux. Mon père James allait me le chercher pendant que M. Stanislas avait le dos tourné. Nous partions au grand galop, et au bout de deux heures nous revenions lui dire que Figaro allait beaucoup mieux, l'air lui ayant fait du bien. Il s'en vengeait, au dire de James, par une bonne note bien méchante dans son journal ; car il faisait un journal jour par jour, heure par heure, de tout ce qui se disait et se faisait autour de lui, et il avait ainsi, disait-on, vingt-cinq ans de sa vie consignés, jusqu'aux plus insignifiants détails, dans une montagne de cahiers pour lesquels il lui fallait une voiture de transport dans ses déplacements et une chambre particulière dans ses établissements. Je ne crois pas qu'il y ait eu d'homme plus chargé de ses souvenirs et plus embarrassé de son passé.

Une autre manie consistait à ne rien laisser perdre de ce qui traînait. Il ramassait, dans tous les coins de la maison et du jardin, les objets oubliés ou abandonnés, une bêche cassée, un mouchoir de poche, un vieux soulier, un vieux chenet, une paire de ciseaux. L'appartement qu'il occupait au Plessis était un musée encombré jusqu'au plafond de guenilles et de vieilles ferrailles. Ce n'était ni avarice ni penchant au larcin, car tout cela était pour lui sans usage, et une fois entré dans son capharnaüm, n'en devait sortir qu'à sa mort. Tout ce qu'on peut présumer de la cause de cette fantaisie, c'est que son vieux fonds de malice et de critique le portait à faire chercher aux gens peu soigneux les objets égarés. C'était une secrète joie pour lui de mettre les domestiques, les enfants et les hôtes de la maison en peine et en recherches. On n'avait pas la liberté de poser un livre sur le piano ou sur la table du salon, d'accrocher son chapeau à un arbre, de mettre un râteau contre un mur, ou un bougeoir sur l'escalier, sans qu'au retour, fût-ce au bout de cinq minutes, l'objet n'eût disparu pour ne jamais reparaître, tandis qu'il vous épiait, riant en sa barbe et se frottant le menton. « Ne cherchez pas, disait madame Angèle, ou pénétrez, si vous pouvez, dans le magasin du père Stanislas. » Or, c'était là chose impossible. Le père Stanislas se renfermait au verrou quand il entrait chez lui et emportait sa clef quand il en sortait. Jamais *âme vivante* n'avait balayé ou épousseté son cabinet de *curiosités*. Il a été mourir dans un autre château, chez M. de Rochambeau, je crois, où il avait transporté dans des fourgons tout son attirail, et quand tous ces trésors sortirent de la poussière pour être inventoriés, on m'a dit qu'il y en aurait eu pour des frais considérables d'inventaire, si l'on n'eût pris le parti d'estimer le tout à dix-huit francs.

Ce vieux renard avait, disait-on, douze mille livres de rente. Il avait été administrateur des guerres, si j'ai bonne mémoire. Ne voulant pas dépenser sa petite fortune, il se mettait en pension chez des amis, au moindre prix possible, et accumulait son revenu. C'était un pensionnaire insupportable à la longue, grognant à sa manière, qui consistait à railler amèrement le café trouble ou la sauce tournée, et à déchirer à belles dents la gouvernante ou le cuisinier. Il était le parrain de la dernière fille de James, paraissait l'aimer beaucoup, et faisait entendre adroitement qu'il se chargeait de sa dot dans l'avenir; mais il n'en fit rien, et, content d'avoir fait enrager son monde, mourut sans songer à personne.

Ma mère, ma sœur et Pierret vinrent rarement passer un jour ou deux au Plessis, pour savoir si je m'y trouvais bien et si je désirais y rester. C'était tout mon désir, et tout alla bien entre ma mère et moi jusque vers la fin du printemps.

A cette époque, M. et madame Duplessis allèrent passer quelques jours à Paris, et bien que je demeurasse chez ma mère, ils venaient me prendre tous les matins pour courir avec eux, dîner au *cabaret*, comme ils disaient, et *flâner* le soir sur les boulevards. Ce cabaret c'était toujours le *café de Paris* ou les *Frères provençaux*; cette flânerie, c'était l'Opéra, la *Porte-Saint-Martin*, ou quelque mimodrame du Cirque, qui réveillait les souvenirs guerriers de James. Ma mère était invitée à toutes ces parties; mais bien qu'elle aimât ce genre d'amusement, elle m'y laissait aller sans elle le plus souvent. Il semblait qu'elle voulût remettre tous ses droits et toutes ses fonctions maternelles à madame Duplessis.

Un de ces soirs-là, nous prenions après le spectacle des glaces chez Tortoni, quand ma mère Angèle dit à son mari : « Tiens, voilà Casimir ! »

Un jeune homme mince, assez élégant, d'une figure gaie et d'une allure militaire, vint leur serrer la main et répondre aux questions empressées qu'on lui adressait sur son père, le colonel Dudevant, très-aimé et respecté de la famille. Il s'assit auprès de madame Angèle et lui demanda tout bas qui j'étais. « C'est ma fille, répondit-elle tout haut. — Alors, reprit-il tout bas, c'est donc ma femme ? Vous savez que vous m'avez promis la main de votre fille aînée. Je croyais que ce serait Wilfrid, mais comme celle-ci me paraît d'un âge mieux assorti au mien, je l'accepte, si vous voulez me la donner. » Madame Angèle se mit à rire, mais cette plaisanterie fut une prédiction.

Quelques jours après, Casimir Dudevant vint au Plessis et se mit de nos parties d'enfants avec un entrain et une gaieté pour son propre compte qui ne pouvaient me sembler que de bon augure pour son caractère. Il ne me fit pas la cour, ce qui eût troublé notre sans-gêne, et n'y songea même pas. Il se faisait entre nous une camaraderie tranquille, et il disait à madame Angèle, qui avait depuis long-temps l'habitude de l'appeler son gendre : « Votre fille est un bon garçon; » tandis que je disais de mon côté : « Votre gendre est un bon enfant. »

Je ne sais qui poussa à continuer tout haut la plaisanterie. Le père Stanislas, pressé d'y entendre malice, me criait dans le jardin quand on y jouait aux barres : « Courez donc après *votre mari !* » Casimir, emporté par le jeu, criait de son côté : « Délivrez donc *ma femme !* » Nous en vînmes à nous traiter de mari et femme avec aussi peu d'embarras et de passion que le petit Norbert et la petite Justine eussent pu en avoir.

Un jour, le père Stanislas m'ayant dit à ce propos je ne sais quelle méchanceté dans le parc, je passai mon bras sous le sien, et demandai à ce vieux ours pourquoi il voulait donner une tournure amère aux choses les plus insignifiantes.

« Parce que vous êtes folle de vous imaginer, répondit-il, que vous allez épouser ce garçon-là. Il aura soixante ou quatre-vingt mille livres de rente, et certainement il ne veut point de vous pour femme.

— Je vous donne ma parole d'honneur, lui dis-je, que je n'ai pas songé un seul instant à l'avoir pour mari ; et puisqu'une plaisanterie, qui eût été de mauvais ton si elle n'eût commencé entre des personnes aussi chastes que nous le sommes toutes ici, peut tourner au sérieux dans des cervelles chagrines comme la vôtre, je vais prier *mon père* et *ma mère* de la faire cesser bien vite. »

Le père James, que je rencontrai le premier en rentrant dans la maison, répondit à ma réclamation que le père Stanislas radotait. « Si vous voulez faire attention aux épigrammes de ce vieux chinois, dit-il, vous ne pourrez jamais lever un doigt qu'il n'y trouve à gloser. Il ne s'agit pas de ça. Parlons sérieusement. Le colonel Dudevant a, en effet, une belle fortune, un beau revenu, moitié du fait de sa femme, moitié du sien; mais dans le sien il faut considérer comme personnelle sa pension de retraite d'officier de la Légion d'honneur, de baron de l'empire, etc. Il n'a de son chef qu'une assez belle terre en Gascogne, et son fils, qui n'est pas celui de sa femme, et qui est fils naturel, n'a droit qu'à la moitié de cet héritage. Probablement il aura le tout, parce que son père l'aime et n'a pas d'autres enfants; mais, tout compte fait, sa fortune n'excédera jamais la vôtre et même sera moindre au commencement. Ainsi, il n'y a rien d'impossible à ce que vous soyez réellement mari et femme, comme nous en faisions la plaisanterie, et ce mariage serait encore plus avantageux pour lui qu'il ne le serait pour vous. Ayez donc la conscience en repos, et faites comme vous voudrez. Repoussez la plaisanterie si elle vous choque; n'y faites pas attention, si elle vous est indifférente.

— Elle m'est indifférente, répondis-je, et je craindrais d'être ridicule et de lui donner de la consistance si je m'en occupais. »

Les choses en restèrent là. Casimir partit et revint. A son retour, il fut plus sérieux avec moi et me demanda ma main à moi-même avec beaucoup de franchise et de netteté. « Cela n'est peut-être pas conforme aux usages, me dit-il; mais je ne veux obtenir le premier consentement que de vous seule, en toute liberté d'esprit. Si je ne vous suis pas antipathique et que vous ne puissiez pourtant pas vous prononcer si vite, faites un peu plus d'attention à moi, et vous me direz dans quelques jours, dans quelque temps, quand vous voudrez, si vous m'autorisez à faire agir mon père auprès de votre mère. »

Cela me mettait fort à l'aise. M. et madame Duplessis m'avaient dit tant de bien de Casimir et de sa famille, que je n'avais pas de motifs pour ne pas lui accorder une attention plus sérieuse que je n'avais encore fait. Je trouvais de la sincérité dans ses paroles et dans toute sa manière d'être. Il ne me parlait point d'amour et s'avouait peu disposé à la passion subite, à l'enthousiasme, et, dans tous les cas, inhabile à l'exprimer d'une manière séduisante. Il parlait d'une amitié à toute épreuve, et comparait le tranquille bonheur domestique de nos hôtes à celui qu'il croyait pouvoir jurer de me procurer. « Pour vous prouver que je suis sûr de moi, disait-il, je veux vous avouer que j'ai été frappé, à la première vue, de votre air bon et raisonnable. Je ne vous ai trouvée ni belle ni jolie; je ne savais pas qui vous étiez, je n'avais jamais entendu parler de vous; et cependant, lorsque j'ai dit en riant à madame Angèle que vous seriez ma femme, j'ai senti tout à coup en moi la pensée que si une telle chose arrivait, j'en serais bien heureux. Cette idée vague m'est revenue tous les jours plus nette, et quand je me suis mis à rire et à jouer avec vous, il m'a semblé que je vous connaissais depuis longtemps et que nous étions deux vieux amis. »

Je crois qu'à l'époque de ma vie où je me trouvais, et au sortir de si grandes irrésolutions entre le couvent et la famille, une passion brusque m'eût épouvantée. Je ne l'eusse pas comprise, elle m'eût peut-être semblé jouée ou ridicule, comme celle du premier prétendant qui s'était offert au Plessis. Mon cœur n'avait jamais fait un pas en avant de mon ignorance; aucune inquiétude de mon être n'eût troublé mon raisonnement ou endormi ma méfiance.

Je trouvai donc le raisonnement de Casimir sympathique, et, après avoir consulté mes hôtes, je restai avec lui dans les termes de cette douce camaraderie qui venait de prendre une sorte de droit d'exister entre nous.

Je n'avais jamais été l'objet de ces soins exclusifs, de cette soumission volontaire et heureuse qui étonnent et touchent un jeune cœur. Je ne pouvais pas ne point regarder bientôt Casimir comme le meilleur et le plus sûr de mes amis.

# CHAPITRE HUITIÈME.

Nous arrangeâmes avec madame Angèle une entrevue entre le colonel et ma mère, et jusque-là nous ne fîmes point de projets, puisque l'avenir dépendait du caprice de ma mère, qui pouvait faire tout manquer. Si elle eût refusé, nous devions n'y plus songer et rester en bonne estime l'un de l'autre.

Ma mère vint au Plessis et fut frappée, comme moi, d'un tendre respect pour la belle figure, les cheveux d'argent, l'air de distinction et de bonté du vieux colonel. Ils causèrent ensemble et avec nos hôtes. Ma mère me dit ensuite : « J'ai dit oui, mais pas de manière à ne m'en pas dédire. Je ne sais pas encore si le fils me plaît. Il n'est pas beau. J'aurais aimé un beau gendre pour me donner le bras. » Le colonel prit le mien pour aller voir une prairie artificielle derrière la maison, tout en causant agriculture avec James. Il marchait difficilement, ayant eu déjà de violentes attaques de goutte. Quand nous fûmes séparés avec James des autres promeneurs, il me parla avec une grande affection, me dit que je lui plaisais extraordinairement et qu'il regarderait comme un très-grand bonheur dans sa vie de m'avoir pour sa fille.

Ma mère resta quelques jours, fut aimable et gaie, taquina son futur gendre pour l'éprouver, le trouva bon garçon, et partit en nous permettant de rester ensemble sous les yeux de madame Angèle.

Il avait été convenu que l'on attendrait pour fixer l'époque du mariage le retour à Paris de madame Dudevant, qui avait été passer quelque temps dans sa famille, au Mans. Jusque-là on devait prendre connaissance entre parents de la fortune réciproque, et le colonel devait régler le sort que, de son vivant, il voulait assurer à son fils.

Au bout d'une quinzaine, ma mère retomba comme une bombe au Plessis. Elle avait *découvert* que Casimir, au milieu d'une existence désordonnée, avait été pendant quelque temps garçon de café. Je ne sais où elle avait pêché cette billevesée. Je crois que c'était un rêve qu'elle avait fait la nuit précédente et qu'au réveil elle avait pris au sérieux. Ce grief fut accueilli par des rires qui la mirent en colère. James eut beau lui répondre sérieusement, lui dire qu'il n'avait presque jamais perdu de vue la famille Dudevant, que Casimir n'était jamais tombé dans aucun désordre; Casimir lui-même eut beau protester qu'il n'y avait pas de honte à être garçon de café, mais que n'ayant quitté l'école militaire que pour faire campagne comme sous-lieutenant, et n'ayant quitté l'armée au licenciement que pour faire son droit à Paris, demeurant chez son père et jouissant d'une bonne pension, ou le suivant à la campagne où il était sur le pied d'un fils de famille, il n'avait jamais eu, même pendant huit jours, même pendant douze heures, le *loisir* de servir dans un café ; elle s'y obstina, prétendit qu'on se jouait d'elle, et m'emmenant dehors, se répandit en invectives délirantes contre madame Angèle, ses mœurs, le ton de sa maison et les *intrigues* de Duplessis, qui faisait métier de marier les héritières avec des aventuriers pour en tirer des pots-de-vin, etc., etc.

Elle était dans un paroxysme si violent que j'en fus effrayée pour sa raison et m'efforçai de l'en distraire en lui disant que j'allais faire mon paquet et partir tout de suite avec elle ; qu'à Paris, elle prendrait toutes les informations qu'elle pourrait souhaiter, et que, tant qu'elle ne serait pas satisfaite, nous ne verrions pas Casimir. Elle se calma aussitôt. « Oui, oui ! dit-elle. Allons faire nos paquets ! » Mais à peine avais-je commencé, qu'elle me dit : « Réflexion faite, je m'en vas. Je me déplais ici. Tu t'y plais, restes-y. Je m'informerai, et je te ferai savoir ce que l'on m'aura dit. »

Elle partit le soir même, revint encore faire des scènes du même genre, et, en somme, sans en être beaucoup priée, me laissa au Plessis jusqu'à l'arrivée de madame Dudevant à Paris. Voyant alors qu'elle donnait suite au mariage et me rappelait auprès d'elle avec des intentions qui paraissaient sérieuses, je la rejoignis rue Saint-Lazare, dans un nouvel appartement assez petit et assez laid, qu'elle avait loué derrière l'ancien Tivoli. Des fenêtres de mon cabinet de toilette je voyais ce vaste jardin, et dans la journée, je pouvais, pour une très-mince rétribution, m'y promener avec mon frère, qui venait d'arriver et qui s'installa dans une soupente au-dessus de nous.

Hippolyte avait fini son temps, et, bien qu'à la veille d'être nommé officier, il n'avait pas voulu renouveler son engagement. Il avait pris en horreur l'état militaire, où il s'était jeté avec passion. Il avait compté y faire un avancement plus rapide : mais il voyait bien que l'abandon des Villeneuve s'était étendu jusqu'à lui, et il trouvait ce métier de troupier en garnison, sans espoir de guerre et d'honneur, abrutissant pour l'intelligence et infructueux pour l'avenir. Il pouvait vivre sans misère avec sa petite pension, et je lui offris, sans être contrariée par ma mère, qui l'aimait beaucoup, de demeurer chez moi jusqu'à ce qu'il eût avisé, comme il en avait le dessein, à se pourvoir d'un nouvel état.

Son intervention entre ma mère et moi fut très-bonne. Il savait beaucoup mieux que moi trouver le joint de ce caractère malade. Il riait de ses emportements, la flattait ou la raillait. Il la grondait même, et de lui elle souffrait tout. Son *cuir* de hussard n'était pas aussi facile à entamer que ma susceptibilité de jeune fille, et l'insouciance qu'il montrait devant ses algarades les rendait tellement inutiles qu'elle y renonçait aussitôt. Il me réconfortait de son mieux, trouvant que j'étais folle de me tant affecter de ces inégalités d'humeur, qui lui semblaient de bien petites choses en comparaison de la salle de police et des *coups de torchon* du régiment.

Madame Dudevant vint faire sa visite officielle à ma mère. Elle ne la valait certes pas pour le cœur et l'intelligence, mais elle avait des manières de grande dame et l'extérieur d'un ange de douceur. Je donnai tête baissée dans la sympathie que son petit air souffrant, sa voix faible et sa jolie figure distinguée inspiraient dès l'abord, et m'inspirèrent, à moi, plus longtemps que de raison. Ma mère fut flattée de ses avances qui caressaient justement l'endroit froissé de son orgueil. Le mariage fut décidé; et puis il fut remis en question, et puis rompu, et puis repris au gré de caprices qui durèrent jusqu'à l'automne et qui me rendirent encore souvent bien malheureuse et bien malade; car j'avais beau reconnaître avec mon frère qu'au fond de tout cela ma mère m'aimait et ne pensait pas un mot des affronts que prodiguait sa langue, je ne pouvais m'habituer à ces alternatives de gaieté folle et de sombre colère, de tendresse expansive et d'indifférence apparente ou d'aversion fantasque.

Elle n'avait point de retours pour Casimir. Elle

l'avait pris en grippe, parce que, disait-elle, son nez ne lui plaisait pas. Elle acceptait ses soins et s'amusait à exercer sa patience, qui n'était pas grande et qui pourtant se soutint, avec l'aide d'Hippolyte et l'intervention de Pierret. Mais elle m'en disait pis que pendre, et ses accusations portaient si à faux qu'il leur était impossible de ne pas produire une réaction d'indulgence ou de foi dans les cœurs qu'elle voulait aigrir ou désabuser.

Enfin elle se décida, après bien des pourparlers d'affaires assez blessants. Elle voulait me marier sous le régime dotal, et M. Dudevant père y faisait quelque résistance à cause des motifs de méfiance contre son fils qu'elle lui exprimait sans ménagement. J'avais engagé Casimir à résister de son mieux à cette mesure conservatrice de la propriété, qui a presque toujours pour résultat de sacrifier la liberté morale de l'individu à l'immobilité tyrannique de l'immeuble. Pour rien au monde je n'eusse vendu la maison et le jardin de Nohant, mais bien une partie des terres, afin de me faire un revenu en rapport avec la dépense qu'entraînait l'importance relative de l'habitation. Je savais que ma grand'mère avait toujours été gênée à cause de cette disproportion; mais mon mari dut céder devant l'obstination de ma mère, qui goûtait le plaisir de faire un dernier acte d'autorité.

Nous fûmes mariés en septembre 1822, et après

les visites et retours de noces, après une pause de quelques jours chez nos chers amis du Plessis, nous partîmes avec mon frère pour Nohant, où nous fûmes reçus avec joie par le bon Deschartres.

## CHAPITRE NEUVIÈME [1]

Retraite à Nohant. — Travaux d'aiguille moralement utiles aux femmes. — Équilibre désirable entre la fatigue et le loisir. — Mon rouge-gorge. — Deschartres quitte Nohant. — Naissance de mon fils. — Deschartres à Paris. — Hiver de 1824 à Nohant. — Changements et améliorations qui me donnent le spleen. — Été au Plessis. — Les enfants. — L'idéal dans leur société. — Aversion pour la vie positive. — Ormesson. — Funérailles de Louis XVIII à Saint-Denis. — Le jardin désert. — Les *Essais* de Montaigne. — Nous revenons à Paris. — L'abbé de Prémord. — Retraite au couvent. — Aspirations à la vie monastique. — Maurice au couvent. — Sœur Hélène nous chasse.

Je passai à Nohant l'hiver de 1822-1823, assez malade, mais absorbée par le sentiment de l'amour maternel qui se révélait à moi à travers les plus doux rêves et les plus vives aspirations. La transformation qui s'opère à ce moment dans la vie et dans les pensées de la femme est, en général, complète et soudaine. Elle le fut pour moi comme pour le grand nombre. Les besoins de l'intelligence, l'inquiétude des pensées, les curiosités de l'étude,

[1] Cette partie a été écrite en 1853 et 1854.

comme celles de l'observation, tout disparut aussitôt que le doux fardeau se fit sentir, et même avant que ses premiers tressaillements m'eussent manifesté son existence. La Providence veut que, dans cette phase d'attente et d'espoir, la vie physique et la vie de sentiment prédominent. Aussi les veilles, les lectures, les rêveries, la vie intellectuelle en un mot fut naturellement supprimée, et sans le moindre mérite ni le moindre regret.

L'hiver fut long et rude, une neige épaisse couvrit longtemps la terre durcie d'avance par de fortes gelées. Mon mari aimait aussi la campagne, bien que ce fût autrement que moi, et, passionné pour la chasse, il me laissait de longs loisirs que je remplissais par le travail de la layette. Je n'avais jamais cousu de ma vie. Tout en disant que cela était nécessaire à savoir, ma grand'mère ne m'y avait jamais poussée, et je m'y croyais d'une maladresse extrême. Mais quand cela eut pour but d'habiller le petit être que je voyais dans tous mes songes, je m'y jetai avec une sorte de passion. Ma bonne Ursule vint me donner les premières notions du *surjet* et du *rabattu*. Je fus bien étonnée de voir combien cela était facile; mais en même temps je compris que là, comme dans tout, il pouvait y avoir l'invention, et la *maëstria* du coup de ciseaux.

Depuis j'ai toujours aimé le travail de l'aiguille,

et c'est pour moi une récréation où je me passionne quelquefois jusqu'à la fièvre. J'essayai même de broder les petits bonnets, mais je dus me borner à deux ou trois : j'y aurais perdu la vue. J'avais la vue longue, excellente ; mais c'est ce qu'on appelle chez nous une *vue grosse*. Je ne distingue pas les petits objets ; et compter les fils d'une mousseline, lire un caractère fin, regarder de près, en un mot, est une souffrance qui me donne le vertige et qui m'enfonce mille épingles au fond du crâne.

J'ai souvent entendu dire à des femmes de talent que les travaux du ménage, et ceux de l'aiguille particulièrement, étaient abrutissants, insipides, et faisaient partie de l'esclavage auquel on a condamné notre sexe. Je n'ai pas de goût pour la théorie de l'esclavage, mais je nie que ces travaux en soient une conséquence. Il m'a toujours semblé qu'ils avaient pour nous un attrait naturel, invincible, puisque je l'ai ressenti à toutes les époques de ma vie, et qu'ils ont calmé parfois en moi de grandes agitations d'esprit. Leur influence n'est abrutissante que pour celles qui les dédaignent et qui ne savent pas chercher ce qui se trouve dans tout : le *bien-faire*. L'homme qui bêche ne fait-il pas une tâche plus rude et aussi monotone que la femme qui coud ? Pourtant le bon ouvrier qui bêche vite et bien ne s'ennuie pas de bêcher, et il vous dit en souriant qu'il *aime la peine*.

Aimer la peine, c'est un mot simple et profond du paysan, que tout homme et toute femme peuvent commenter sans risque de trouver au fond la loi du servage. C'est par là, au contraire, que notre destinée échappe à cette loi rigoureuse de l'homme exploité par l'homme.

La peine est une loi naturelle à laquelle nul de nous ne peut se soustraire sans tomber dans le mal. Dans les conjectures et les aspirations socialistes de ces derniers temps, certains esprits ont trop cru résoudre le problème du travail en rêvant un système de machines qui supprimerait entièrement l'effort et la lassitude physiques. Si cela se réalisait, l'abus de la vie intellectuelle serait aussi déplorable que l'est aujourd'hui le défaut d'équilibre entre ces deux modes d'existence. Chercher cet équilibre, voilà le problème à résoudre ; faire que l'homme de *peine* ait la somme suffisante de loisir, et que l'homme de loisir ait la somme suffisante de peine, la vie physique et morale de tous les hommes l'exige absolument ; et si l'on n'y peut pas arriver, n'espérons pas nous arrêter sur cette pente de décadence qui nous entraîne vers la fin de tout bonheur, de toute dignité, de toute sagesse, de toute santé du corps, de toute lucidité de l'esprit. Nous y courons vite, il ne faut pas se le dissimuler.

La cause n'est pas autre, selon moi, que celle-ci :

une portion de l'humanité a l'esprit trop libre, l'autre l'a trop enchaîné. Vous chercherez en vain des formes politiques et sociales, il vous faut, avant tout, des hommes nouveaux. Cette génération-ci est malade jusqu'à la moelle des os. Après un essai de république où le but véritable, au point de départ, était de chercher à rétablir, autant que possible, l'égalité dans les conditions, on a dû reconnaître qu'il ne suffisait pas de rendre les citoyens égaux devant la loi. Je me hasarde même à penser qu'il n'eût pas suffi de les rendre égaux devant la fortune. Il eût fallu pouvoir les rendre égaux devant le sens de la vérité.

Trop d'ambition, de loisir et de pouvoir d'un côté; de l'autre, trop d'indifférence pour la participation au pouvoir et aux nobles loisirs, voilà ce qu'on a trouvé au fond de cette nation d'où l'homme véritable avait disparu, si tant est qu'il y eût jamais existé. Des hommes du peuple éclairés d'une soudaine intelligence et poussés par de grandes aspirations ont surgi, et se sont trouvés sans influence et sans prestige sur leurs frères. Ces hommes-là étaient généralement sages et se préoccupaient de la solution du travail. La masse leur répondait : « Plus de travail, ou l'ancienne loi du travail. Faites-nous un monde tout neuf, ou ne nous tirez pas de notre corvée par des chimères. Le nécessaire assuré, ou le superflu sans limites; nous ne voyons pas le milieu possible, nous n'y croyons pas, nous ne voulons pas l'essayer, nous ne pouvons pas l'attendre. »

Il le faudra pourtant bien. Jamais les machines ne remplaceront l'homme d'une manière absolue ; grâce au ciel, car ce serait la fin du monde. L'homme n'est pas fait pour penser toujours. Quand il pense trop il devient fou, de même qu'il devient stupide quand il ne pense pas assez. Pascal l'a dit : « Nous ne sommes ni anges ni bêtes. »

Et quant aux femmes, qui, ni plus ni moins que les hommes, ont besoin de la vie intellectuelle, elles ont également besoin de travaux manuels appropriés à leur force. Tant pis pour celles qui ne savent y porter ni goût, ni persévérance, ni adresse, ni le courage qui est le plaisir dans la peine ! Celles-là ne sont ni hommes ni femmes.

L'hiver est beau à la campagne, quoi qu'on en dise. Je n'en étais pas à mon apprentissage, et celui-là s'écoula comme un jour, sauf six semaines que je dus passer au lit dans une inaction complète. Cette prescription de Deschartres me sembla rude, mais que n'aurais-je pas fait pour conserver l'espoir d'être mère ? C'était la première fois que je me voyais prisonnière pour cause de santé. Il m'arriva un dédommagement imprévu. La neige était si épaisse et si tenace dans ce moment-là, que les oiseaux, mourant de faim, se laissaient prendre à la main. On m'en apporta de toutes sortes, on couvrit mon lit d'une toile verte, on fixa aux coins de grandes branches de sapin, et je vécus dans ce bosquet, environnée de pinsons, de rouges-gorges, de verdiers et de moineaux qui, apprivoisés soudainement par la chaleur et la nourriture, venaient manger dans mes mains et se réchauffer sur mes genoux. Quand ils sortaient de leur paralysie, ils volaient dans la chambre, d'abord avec gaieté, puis avec inquiétude, et je leur faisais ouvrir la fenêtre. On m'en apportait d'autres qui dégelaient de même et qui, après quelques heures ou quelques jours d'intimité avec moi (cela variait suivant les espèces et le degré de souffrance qu'ils avaient éprouvé), me réclamaient leur liberté. Il arriva que l'on me rapporta quelques-uns de ceux que j'avais relâchés déjà, et auxquels j'avais mis des marques. Ceux-là semblaient vraiment me reconnaître et reprendre possession de leur maison de santé après une rechute.

Un seul rouge-gorge s'obstina à demeurer avec moi. La fenêtre fut ouverte vingt fois, vingt fois il alla jusqu'au bord, regarda la neige, essaya ses ailes à l'air libre, fit comme une pirouette de grâces et rentra, avec la figure expressive d'un personnage raisonnable qui reste où il se trouve bien. Il resta ainsi jusqu'à la moitié du printemps, même avec les fenêtres ouvertes pendant des journées entières.

C'était l'hôte le plus spirituel et le plus aimable que ce petit oiseau. Il était d'une pétulance, d'une audace et d'une gaieté inouïes. Perché sur la tête d'un chenet, dans les jours froids, ou sur le bout de mon pied étendu devant le feu, il lui prenait, à la vue de la flamme brillante, de véritables accès de folie. Il s'élançait au beau milieu, la traversait d'un vol rapide et revenait prendre sa place sans avoir une seule plume grillée. Au commencement cette chose insensée m'effraya, car je l'aimais beaucoup; mais je m'y habituai en voyant qu'il la faisait impunément.

Il avait des goûts aussi bizarres que ses exercices, et, curieux d'essayer de tout, il s'indigérait de bougie et de pâte d'amandes. En un mot, la domesticité volontaire l'avait transformé au point qu'il eut beaucoup de peine à s'habituer à la vie rustique, quand, après avoir cédé au magnétisme du soleil, vers le quinze avril, il se trouva dans le jardin. Nous le vîmes longtemps courir de branche en branche autour de nous, et je ne me promenais jamais sans qu'il vînt crier et voltiger près de moi.

Mon mari fit bon ménage avec Deschartres, qui finissait son bail à Nohant. J'avais prévenu M. Dudevant de son caractère absolu et irascible, et il m'avait promis de le ménager. Il me tint parole, mais il lui tardait naturellement de prendre possession de son autorité dans nos affaires, et, de son côté, Deschartres désirait s'occuper exclusivement des siennes propres. J'obtins qu'il lui fût offert de demeurer chez nous tout le reste de sa vie, et je l'y engageai vivement. Il ne me semblait pas que Deschartres pût vivre ailleurs, et je ne me trompais pas; mais il refusa expressément, et m'en dit naïvement la raison. « Il y a vingt-cinq ans que je suis le seul maître absolu dans la maison, me dit-il, gouvernant toutes choses, commandant à tout le monde, et n'ayant pour me contrôler que des femmes, car votre père ne s'est jamais mêlé de rien. Votre mari ne m'a donné aucun déplaisir, parce qu'il ne s'est pas occupé de ma gestion. A présent qu'elle est finie, c'est moi qui le fâcherais malgré moi par mes critiques et mes contradictions. Je m'ennuierais de n'avoir rien à faire, je me dépiterais de ne pas être écouté; et puis, je veux agir et commander pour mon compte. Vous savez que j'ai toujours eu le projet de faire fortune, et je sens que le moment est venu. »

L'illusion tenace de mon pauvre pédagogue pouvait être encore moins combattue que son appétit de domination. Il fut décidé qu'il quitterait Nohant à la Saint-Jean, c'est-à-dire au 24 juin, terme de son bail. Nous partîmes avant lui pour Paris, où, après quelques jours passés au Plessis chez nos bons amis, je louai un petit appartement garni, hôtel de Florence, rue Neuve-des-Mathurins, chez un ancien chef de cuisine de l'empereur. Cet homme, qui se nommait Gaillot, et qui était un très-honnête et excellent homme, avait contracté au service de l'*en cas* une étrange habitude, celle de ne jamais se coucher. On sait que l'*en cas* de l'empereur était un poulet toujours rôti à point, à quelque heure de jour et de nuit que ce fût. Une existence d'homme avait été vouée à la présence de ce poulet à la broche, et Gaillot, chargé de le surveiller, avait dormi dix ans sur une chaise, tout habillé, toujours en mesure d'être sur pied en un instant. Ce dur régime ne l'avait pas préservé de l'obésité. Il le continuait, ne pouvant plus s'étendre dans un lit sans étouffer, et prétendant ne pouvoir dormir bien que d'un œil. Il est mort d'une maladie de foie entre cinquante et soixante ans. Sa femme avait été femme de chambre de l'impératrice Joséphine.

C'est dans l'hôtel qu'ils avaient meublé que je trouvai, au fond d'une seconde cour plantée en jardin, un petit pavillon où mon fils Maurice vint au monde, le 30 juin 1823, sans encombre et très-vivace. Ce fut le plus beau moment de ma vie que celui où, après une heure de profond sommeil qui succéda aux douleurs terribles de cette crise, je vis en m'éveillant ce petit être endormi sur mon oreiller. J'avais tant rêvé de lui d'avance, et j'étais si faible, que je n'étais pas sûre de ne pas rêver encore. Je craignais de remuer et de voir la vision s'envoler comme les autres jours.

On me tint au lit beaucoup plus longtemps qu'il ne fallait. C'est l'usage à Paris de prendre plus de précautions pour les femmes dans cette situation qu'on ne le fait dans nos campagnes. Quand je fus mère pour la seconde fois, je me levai le second jour et m'en trouvai fort bien.

Je fus la nourrice de mon fils, comme plus tard je fus la nourrice de sa sœur. Ma mère fut sa marraine et mon beau-père son parrain.

Deschartres arriva de Nohant tout rempli de ses projets de fortune et tout gourmé dans son antique habit bleu-barbeau à boutons d'or. Il avait l'air si provincial dans sa toilette surannée, qu'on se retournait dans les rues pour le regarder. Mais il ne s'en souciait pas et passait dans sa majesté. Il examina Maurice avec attention, le démaillotta et le retourna de tous côtés pour s'assurer qu'il n'y avait rien à redresser ou à critiquer. Il ne le caressa pas : je n'ai pas souvenance d'avoir vu une caresse, un baiser de Deschartres à qui que ce soit; mais il le tint endormi sur ses genoux et le considéra longtemps. Puis, la vue de cet enfant l'ayant satisfait, il continua à dire qu'il était temps qu'il vécût pour lui-même.

Je passai l'automne et l'hiver suivants à Nohant, tout occupée de Maurice. Au printemps de 1824, je fus prise d'un grand spleen dont je n'aurais pu dire la cause. Elle était dans tout et dans rien. Nohant était amélioré, mais bouleversé ; la maison avait changé d'habitudes, le jardin avait changé d'aspect. Il y avait plus d'ordre, moins d'abus dans la domesticité ; les appartements étaient mieux tenus, les allées plus droites, l'enclos plus vaste ; on avait fait du feu avec les arbres morts, on avait tué les vieux chiens infirmes et malpropres, vendu les vieux chevaux hors de service, renouvelé toutes choses, en un mot. C'était mieux, à coup sûr. Tout cela d'ailleurs occupait et satisfaisait mon mari. J'approuvais tout et n'avais raisonnablement rien à regretter ; mais l'esprit a ses bizarreries. Quand cette transformation fut opérée, quand je ne vis plus le vieux Phanor s'emparer de la cheminée et mettre ses pattes crottées sur le tapis, quand on m'apprit que le vieux paon qui mangeait dans la main de ma grand'mère ne mangerait plus les fraises du jardin, quand je ne retrouvai plus les coins sombres et abandonnés où j'avais promené mes jeux d'enfant et les rêveries de mon adolescence, quand, en somme, un nouvel intérieur me parla d'un avenir où rien de mes joies et de mes douleurs passées n'allait entrer avec moi, je me troublai, et sans réflexion, sans conscience d'aucun mal présent, je me sentis écrasée d'un nouveau dégoût de la vie qui prit encore un caractère maladif.

Un matin en déjeunant, sans aucun sujet immédiat de contrariété, je me trouvai subitement étouffée par les larmes. Mon mari s'en étonna. Je ne pouvais rien lui expliquer, sinon que j'avais déjà éprouvé de semblables accès de désespoir sans cause, et que probablement j'étais un cerveau faible ou détraqué. Ce fut son avis, et il attribua au séjour de Nohant, à la perte encore trop récente de ma grand'mère, dont tout le monde l'entretenait d'une façon attristante, à l'air du pays, à des causes extérieures enfin, l'espèce d'ennui qu'il éprouvait lui-même en dépit de la chasse, de la promenade et de l'activité de sa vie de propriétaire. Il m'avoua qu'il ne se plaisait point du tout en Berry et qu'il aimerait mieux essayer de vivre partout ailleurs. Nous convînmes d'essayer, et nous partîmes pour le Plessis.

Par suite d'un arrangement pécuniaire que, pour me mettre à l'aise, nos amis voulurent bien faire avec nous, nous passâmes l'été auprès d'eux et j'y retrouvai la distraction et l'irréflexion nécessaires à la jeunesse. La vie du Plessis était charmante, l'aimable caractère des maîtres de la maison se reflétant sur les diverses humeurs de leurs hôtes nombreux. On jouait la comédie, on chassait dans le parc, on faisait de grandes promenades, on recevait tant de monde, qu'il était facile à chacun de choisir un groupe de préférence pour sa société. La mienne se forma de tout ce qu'il y avait de plus enfant dans le château. Depuis les marmots jusqu'aux jeunes filles et aux jeunes garçons, cousins, neveux et amis de la famille, nous nous trouvâmes une douzaine, qui s'augmenta encore des enfants et adolescents de la ferme. Je n'étais pas la personne la plus âgée de la bande, mais étant la seule mariée, j'avais le gouvernement naturel de ce personnel respectable. Loïsa Puget, qui était devenue une jeune fille charmante; Félicie Saint-Aignan, qui était encore une grande petite fille, mais dont l'adorable caractère m'inspirait une prédilection qui devint avec le temps de l'amitié sérieuse; Tonine Duplessis, la seconde fille de ma mère Angèle, qui était encore un enfant, et qui devait mourir comme Félicie dans la fleur de l'âge, c'étaient là mes compagnes préférées. Nous organisions des parties de jeu de toutes sortes, depuis le volant jusqu'aux barres, et nous inventions des règles qui permettaient même à ceux qui, comme Maurice, marchaient encore à quatre pattes, de prendre une part fictive à l'action générale. Puis c'étaient des voyages; voyages véritables, eu égard aux courtes jambes qui nous suivaient, à travers le parc et les immenses jardins. Au besoin les plus grands portaient les plus petits, et la gaieté, le mouvement ne tarissaient pas. Le soir, les grandes personnes étant réunies, il arrivait souvent que beaucoup d'entre elles prenaient part à notre vacarme; mais quand elles en étaient lasses, ce qui arrivait bien vite, nous avions la malice de nous dire entre nous que les dames et les messieurs ne savaient pas jouer et qu'il faudrait les éreinter à la course le lendemain pour les en dégoûter.

Mon mari, comme beaucoup d'autres, s'étonnait un peu de me voir redevenue tout à coup si vivante et si folle, dans ce milieu qui semblait si contraire à mes habitudes mélancoliques; moi seule et ma bande insouciante ne nous en étonnions pas. Les enfants sont peu sceptiques à l'endroit de leurs plaisirs, et comprennent volontiers qu'on ne puisse songer à rien de mieux. Quant à moi, je me retrouvais dans une des deux faces de mon caractère, tout comme à Nohant de huit à douze ans, tout comme au couvent de treize à seize, alternative continuelle de solitude recueillie et d'étourdissement complet, dans des conditions d'innocence primitive.

A cinquante ans, je suis exactement ce que j'étais alors. J'aime la rêverie, la méditation et le travail; mais, au delà d'une certaine mesure, la tristesse arrive, parce que la réflexion tourne au noir, et si la réalité m'apparait forcément dans ce qu'elle a de sinistre, il faut que mon âme succombe, ou que la gaieté vienne me chercher.

Or, j'ai besoin absolument d'une gaieté saine et

## CHAPITRE NEUVIÈME.

vraie. Celle qui est égrillarde me dégoûte, celle qui est de bel esprit m'ennuie. La conversation brillante me plaît à écouter quand je suis disposée au travail de l'attention; mais je ne peux supporter longtemps aucune espèce de conversation suivie sans éprouver une grande fatigue. Si c'est sérieux, cela me fait l'effet d'une séance politique ou d'une conférence d'affaires; si c'est méchant, ce n'est plus gai pour moi. Dans une heure, quand on a quelque chose à dire ou à entendre, on a épuisé le sujet, et après cela on ne fait plus qu'y patauger. Je n'ai pas, moi, l'esprit assez puissant pour traiter de plusieurs matières graves successivement, et c'est peut-être pour me consoler de cette infirmité que je me persuade, en écoutant les gens qui parlent beaucoup, que personne n'est fort en paroles plus d'une heure par jour.

Que faire donc pour égayer les heures de la vie en commun dans l'intimité de tous les jours? Parler politique occupe les hommes en général, parler toilette dédommage les femmes. Je ne suis ni homme ni femme sous ces rapports-là; je suis enfant. Il faut qu'en faisant quelque ouvrage de mes mains, qui amuse mes yeux, ou quelque promenade qui occupe mes jambes, j'entende autour de moi un échange de vitalité qui ne me fasse pas sentir le vide et l'horreur des choses humaines. Accuser, blâmer, soupçonner, maudire, railler, condamner, voilà ce qu'il y a au bout de toute causerie politique ou littéraire, car la sympathie, la confiance et l'admiration ont malheureusement des formules plus concises que l'aversion, la critique et le commérage. Je n'ai pas la sainteté infuse avec la vie, mais j'ai la poésie pour condition d'existence, et tout ce qui tue trop cruellement le rêve du bon, du simple et du vrai, qui seul me soutient contre l'effroi du siècle, est une torture à laquelle je me dérobe autant qu'il m'est possible.

Voilà pourquoi, ayant rencontré fort peu d'exceptions au positivisme effrayant de mes contemporains d'âge, j'ai presque toujours vécu par instinct et par goût avec des personnes dont j'aurais pu, à peu d'années près, être la mère. En outre, dans toutes les conditions où j'ai été libre de choisir ma manière d'être, j'ai cherché un moyen d'idéaliser la réalité autour de moi et de la transformer en une sorte d'oasis fictive, où les méchants et les oisifs ne seraient pas tentés d'entrer ou de rester. Un songe d'âge d'or, un mirage d'innocence champêtre, artiste ou poétique, m'a prise dès l'enfance et m'a suivie dans l'âge mûr. De là une foule d'amusements très-simples et pourtant très-actifs, qui ont été partagés réellement autour de moi, et plus naïvement, plus cordialement par ceux dont le cœur a été le plus pur. Ceux-là, en me connaissant, ne se sont plus étonnés du contraste d'un esprit si porté à s'assombrir et si avide de s'égayer ; je devrais dire peut-être d'une âme si impossible à contenter avec ce qui intéresse la plupart des hommes, et si facile à charmer avec ce qu'ils jugent puéril et illusoire. Je ne peux pas m'expliquer mieux moi-même. Je ne me connais pas beaucoup au point de vue de la théorie ; j'ai seulement l'expérience de ce qui me tue ou me ranime dans la pratique de la vie.

Mais grâce à ces contrastes, certaines gens prirent de moi l'opinion que j'étais tout à fait bizarre. Mon mari, plus indulgent, me jugea idiote. Il n'avait peut-être pas tort, et peu à peu il arriva, avec le temps, à me faire tellement sentir la supériorité de sa raison et de son intelligence, que j'en fus longtemps écrasée et comme hébétée devant le monde. Je ne m'en plaignis pas. Deschartres m'avait habituée à ne pas contredire violemment l'infaillibilité d'autrui, et ma paresse s'arrangeait fort bien de ce régime d'effacement et de silence.

Aux approches de l'hiver, comme madame Duplessis allait à Paris, nous nous consultâmes mon mari et moi sur la résidence que nous choisirions ; nous n'avions pas le moyen de vivre à Paris, et, d'ailleurs, nous n'aimions Paris ni l'un ni l'autre. Nous aimions la campagne ; mais nous avions peur de Nohant ; peur probablement de nous retrouver vis-à-vis l'un de l'autre, avec des instincts différents à tous autres égards et des caractères qui ne se pénétraient pas mutuellement. Sans vouloir nous rien cacher, nous ne savions rien nous expliquer; nous ne nous disputions jamais sur rien, j'ai trop horreur de la discussion pour vouloir entamer l'esprit d'un autre; je faisais, au contraire, de grands efforts pour voir par les yeux de mon mari, pour penser comme lui et agir comme il souhaitait. Mais, à peine m'étais-je mise d'accord avec lui, que, ne me sentant plus d'accord avec mes propres instincts, je tombais dans une tristesse effroyable.

Il éprouvait probablement quelque chose d'analogue sans s'en rendre compte, et il abondait dans mon sens quand je lui parlais de nous entourer et de nous distraire. Si j'avais eu l'art de nous établir dans une vie un peu extérieure et animée, si j'avais été un peu légère d'esprit, si je m'étais plu dans le mouvement des relations variées, il eût été secoué et maintenu par le commerce du monde. Mais je n'étais pas du tout la compagne qu'il lui eût fallu. J'étais trop exclusive, trop concentrée, trop en dehors du convenu. Si j'avais su d'où venait le mal, si la cause de son ennui et du mien se fût dessinée dans mon esprit sans expérience et sans pénétration, j'aurais trouvé le remède; j'aurais peut-être réussi à me transformer : mais je ne comprenais rien du tout à lui ni à moi-même.

Nous cherchâmes une maisonnette à louer aux

environs de Paris, et, comme nous étions assez gênés, nous eûmes grand'peine à trouver un peu de confortable sans dépenser beaucoup d'argent. Nous ne le trouvâmes même pas, car le pavillon qui nous fut loué était une assez pauvre et étroite demeure. Mais c'était à Ormesson, dans un beau jardin et dans un centre de relations fort agréables.

L'endroit était alors laid et triste, des chemins affreux, des coteaux de vignes qui interceptaient la vue, un hameau malpropre. Mais, à deux pas de là, l'étang d'Enghien et le beau parc de Saint-Gratien offraient des promenades charmantes. Notre pavillon faisait partie de l'habitation d'une femme très-distinguée, madame Richardot, qui avait d'aimables enfants. Une habitation mitoyenne, appartenant à M. Hédie, *boulanger du roi,* était louée et occupée par la famille de Malus, et chaque soir nos trois familles se réunissaient chez madame Richardot pour jouer des charades en costumes improvisés des plus comiques. En outre, ma bonne tante Lucie et ma chère Clotilde sa fille vinrent passer quelques jours avec nous. Cette saison d'automne fut donc très-bénigne dans ma destinée.

Mon mari sortait beaucoup; il était appelé souvent à Paris pour je ne sais plus quelles affaires et revenait le soir pour prendre part aux divertissements de la réunion. Ce genre de vie serait assez normal : les hommes occupés au dehors dans la journée, les femmes chez elles avec leurs enfants, et le soir la récréation des familles en commun.

Une solennité étrange et magnifique, la dernière de ce genre que la France ait vue, et qu'elle ne reverra probablement jamais sous la même forme, vint nous convier tous comme à un spectacle. Ce fut la cérémonie des funérailles de Louis XVIII à Saint-Denis.

Louis XVIII était mort sans que cet événement eût ébranlé l'assiette de la restauration bourbonnienne. Charles X succédait sans orage. Le parti libéral l'accueillait même avec une bienveillance naïve ou simulée. La nation entière porta le deuil de cour. Chose singulière, ce deuil prit spontanément comme une mode, et, après avoir lutté quelque temps contre ce qui me paraissait une hypocrisie ou une adulation gratuite, je m'y conformai, afin de ne me pas voir me détacher seule, comme un point de couleur criarde, au milieu de toutes les autres femmes, noires de la tête aux pieds. Celles qui m'entouraient étaient toutes de l'opposition bonapartiste ou libérale et portaient en riant ces crêpes funèbres, disant que le noir allait bien et que l'on avait l'air d'une provinciale ou d'une épicière en ne le portant pas. Je dus le porter, moi, pour ne pas être considérée comme *esprit fort*.

Aucun de nous n'avait songé à se munir de billets pour la cérémonie. Aucun de nous ne désirait braver l'attente, la foule, la fatigue inséparables de ces vastes solennités. La veille au soir, la fantaisie en vint tout à coup à madame Richardot. Active et décidée, elle nous entraîna tous, et, bien que l'accès de l'église parût impossible, dès sept heures du matin nous partîmes à tout hasard. Ce qu'elle nous avait prédit arriva : des milliers de personnes munies de billets longtemps à l'avance durent s'en retourner à Paris sans avoir pu entrer, et nous, qui n'en avions pas, nous fûmes placés d'emblée dans une des meilleures travées. « Il faut toujours, dans ces occasions-là, disait madame Richardot, compter sur deux choses, le désordre qu'on trouve et la volonté qu'on apporte. »

Elle se présenta résolûment aux officiers de service et demanda un petit coin pour elle et sa société. « A la bonne heure, lui fut-il répondu après quelques pourparlers, si vous n'êtes pas nombreux. — Oh! mon Dieu, reprit-elle avec aplomb, nous ne sommes que seize ! » L'officier se mit à rire et nous plaça tous les seize, si bien que nous ne perdîmes pas un détail du spectacle.

Cela était terrible à voir : des frises de bougies ardentes sur le fond noir des tentures, et dans le fond de la nef une immense croix flamboyante, brûlaient la vue et donnaient immédiatement la migraine. La belle architecture de la basilique était complétement perdue sous les draperies ; la profusion des lumières éblouissait et ne combattait pas les ténèbres de ce deuil monumental. Il fallait deux heures au moins pour s'habituer à ce scintillement sec sur le velours opaque. J'entendis madame Pasta dire à côté de moi à des gens qui admiraient la richesse de ce décor : « Ce n'est pas beau, c'est affreux. Cela ressemble à l'enfer, ou tout au moins à un *temple de sorciers.* »

La musique, bien qu'admirable, fut sourde et comme ensevelie dans une cave. La cérémonie fut interminable. Ces formes de l'antique étiquette monarchique et religieuse eussent eu un intérêt historique à mes yeux, sans la foule de détails oiseux et incompréhensibles qui les surchargeait. Une oraison funèbre prononcée d'une voix frêle dans un local complétement sourd ne fut pas entendue de vingt personnes. Je ne sais quelle antienne, chantée autour d'un prélat assis, que deux lévites coiffaient et décoiffaient des ailes de sa mitre à chaque verset et répons, dura deux heures et me parut la plus mauvaise plaisanterie à laquelle un homme pût se prêter gravement. Puis vinrent tous les princes de la famille royale, en deuil de cour violet et en costumes rappelant ceux des derniers Valois. Ils quittèrent leurs places, les reprirent, firent de grandes révérences, mirent le genou sur des coussins, saluèrent le roi trépassé, le roi nouveau, mais tout cela dans une pantomime si énigmatique, qu'il eût fallu un livret ou un *cicerone* à chaque spectateur pour lui expliquer le sens et le but de chaque formule. Ce fut la première fois que je vis Louis-Philippe, alors duc d'Orléans. Il était encore jeune d'aspect, et le paraissait d'autant plus que tous les autres princes étaient vieux, cassés, embarrassés de leur allure ou gênés dans leur costume. Il portait le sien avec aisance et paraissait avoir répété sa scène, car il l'exécuta le jarret tendu, la tête haute et avec une sorte de sourire au front. J'entendis qu'autour de moi les uns vantaient sa bonne mine, tandis que les autres maudissaient son air audacieux et railleur. Quelqu'un rapporta un mauvais calembour politique, qui venait d'être fait dans l'auditoire et qui courait déjà de tribune en tribune. « On aurait dû présenter à M. le duc d'Orléans un coussin différent de celui où les princes se sont agenouillés, un coussin *sans glands.* »

Ce qui n'était pas bien sanglant, c'était le mot même, quoiqu'il eût la prétention d'être une allusion directe à la part qu'on supposait avoir été prise dans le drame de la mort de Louis XVI par Philippe Égalité, père de Louis-Philippe.

Enfin vint le moment vraiment dramatique, celui où le colossal cercueil de plomb fut descendu dans le caveau ouvert. Les cordes se rompirent, les gardes du corps qui le portaient faillirent être entraînés et écrasés. L'expression que l'effort et le danger de cette opération donnèrent à leurs physionomies, les accès lugubres du tam-tam et des cymbales, l'émotion instinctive qui passa dans le public brisèrent la monotonie de la représentation, et beaucoup de femmes, dont les nerfs étaient tendus et excités par la faim, la fatigue et l'ennui, fondirent en larmes et laissèrent échapper des cris ou des sanglots.

Enfin, à quatre heures du soir nous pûmes sortir de l'église, où nous étions entrés à huit heures du matin. Jamais la vue du jour et la sensation de l'air ne me parurent si agréables.

Quand l'hiver se fit tout à fait, la famille Richardot et la famille Malus retournèrent à Paris. Nous restâmes seuls à Ormesson. Je ne m'y plaisais pas moins. Je passais de longues heures dans la solitude de ce vaste jardin anglais, mélancolique paysage de gazons et de grands arbres. Il y avait une fontaine fort jolie et un tombeau ombragé de lourds cyprès qui n'étaient là qu'un ornement de fantaisie, mais qui n'en avaient pas moins beaucoup de caractère. J'ai pensé plus tard à ce tombeau en écrivant quelques pages du roman de *Lélia*.

Maurice venait à merveille et courait autour de moi pendant que je lisais en marchant. C'est dans ce parc que j'ai lu les *Essais* de Montaigne en entier. Je ne pouvais me lasser de cette forme charmante et de cet aimable bon sens, dont le scepticisme ne m'a jamais paru dangereux et affligeant, comme je l'ai ouï dire. Montaigne ne me fait pas l'effet d'un sceptique, mais d'un stoïque. S'il ne conclut guère, il enseigne toujours : il donne, sans rien prêcher, l'amour de la sagesse, de la raison, de l'indulgence pour les autres, de l'attention sur soi-même. Son cynisme inspire le goût de la chasteté, ses doutes conduisent au besoin de la foi. Enfin, il en est de son œuvre comme de tout ce qui sort d'une belle intelligence : elle fait réfléchir, mais d'une réflexion saine et calmante.

Un jour, que je faisais sauter Maurice sur un coin de gazon large comme ses deux pauvres petits pieds, le jardinier de la maison, qui était une sorte de régisseur en l'absence des maîtres, m'admonesta vertement sur le *dégât* que faisait mon *jeune homme*. Je lui répondis sans aigreur que le *dégât* me paraissait nul, et j'emportai mon enfant; mais, chaque fois que je rencontrais cet homme bourru, il me lançait des regards si féroces et répondait avec tant de hauteur au salut par lequel je le prévenais, qu'il me faisait peur pour mon marmot et gênait la sécurité de ma promenade.

Mon mari passait quelquefois les nuits à Paris, mon domestique couchait dans des bâtiments éloignés, j'étais seule avec ma servante dans ce pavillon, isolé lui-même de toute demeure habitée. Je m'étais mis en tête des idées sombres, depuis que j'avais entendu, dans une de ces nuits de brouillard dont la sonorité est étrangement lugubre, les cris de détresse d'un homme qu'on battait et qu'on semblait égorger. J'ai su, depuis, le mot de ce drame étrange ; mais je ne peux ni ne veux le raconter.

Je me rassurai en voyant peu à peu que le jardinier qui m'effrayait ne m'en voulait pas personnellement, mais qu'il était fort contrarié de notre présence, gênante peut-être pour quelque projet d'occupation du pavillon, ou quelque dilapidation domestique. Je me rappelai Jean-Jacques Rousseau chassé de château en château, d'ermitage en ermitage, par des calculs et des mauvais vouloirs de ce genre, et je commençai à regretter de n'être pas chez moi.

Pourtant je quittai cette retraite avec regret, lorsqu'un jour mon mari, s'étant querellé violemment avec ce même jardinier, résolut de transporter notre établissement à Paris. Nous prîmes un appartement meublé, petit, mais agréable par son isolement et la vue des jardins, dans la rue du Faubourg-Saint-Honoré. J'y vis souvent mes amis anciens et nouveaux, et notre milieu fut assez gai.

Pourtant la tristesse me revint, une tristesse sans but et sans nom, maladive peut-être. J'étais très-fatiguée d'avoir nourri mon fils ; je ne m'étais pas remise depuis ce temps-là. Je me reprochai cet abattement, et je pensai que le refroidissement insensible de ma foi religieuse pouvait bien en être la cause. J'allai voir mon jésuite, l'abbé de Prémord. Il était bien vieilli depuis trois ans. Sa voix était si faible, sa poitrine si épuisée, qu'on l'entendait à peine. Nous causâmes pourtant longtemps, plusieurs fois, et il retrouva sa douce éloquence pour me consoler, mais il n'y parvint pas, il y avait trop de tolérance dans sa doctrine pour une âme aussi avide de croyance absolue que l'était la mienne. Cette croyance m'échappait ; je ne sais qui eût pu me la rendre, mais, à coup sûr, ce n'était pas lui. Il était trop compatissant à la souffrance du doute. Il la comprenait trop bien peut-être. Il était trop intelligent ou trop humain. Il me conseilla d'aller passer quelques jours dans mon couvent. Il en demanda pour moi la permission à la supérieure, madame Eugénie. Je demandai la même permission à mon mari, et j'entrai en retraite aux Anglaises.

Mon mari n'était nullement religieux, mais il trouvait fort bon que je le fusse. Je ne lui parlais pas de mes combats intérieurs à l'endroit de la foi : il n'eût rien compris à un genre d'angoisse qu'il n'avait jamais éprouvée.

Je fus reçue dans mon couvent avec des tendresses infinies, et, comme j'étais réellement souffrante, on m'y entoura de soins maternels. Ce n'était pas là peut-être ce qu'il m'eût fallu pour me rattacher à ma vie nouvelle. Toute cette bonté suave, toutes ces délicates sollicitudes me rappelaient un bonheur dont la privation m'avait été longtemps insupportable, et me faisaient paraître le présent vide, l'avenir effrayant. J'errais dans les cloîtres avec un cœur navré et tremblant. Je me demandais si je n'avais pas résisté à ma vocation, à mes instincts, à ma destinée, en quittant cet asile de silence et d'ignorance, qui eût enseveli les agitations de mon esprit timoré et enchaîné à une règle indiscutable une inquiétude de volonté dont je ne savais que faire. J'entrais dans cette petite église où j'avais senti tant d'ardeurs saintes et de divins ravissements. Je n'y retrouvais que le regret des jours où je croyais avoir la force d'y prononcer des vœux éternels. Je n'avais pas eu cette force, et maintenant je sentais que je n'avais pas celle de vivre dans le monde.

Je m'efforçais aussi de voir le côté sombre et asservi de la vie monastique, afin de me rattacher aux douceurs de la liberté que je pouvais reprendre à l'instant même. Le soir, quand j'entendais la ronde de la religieuse qui fermait les nombreuses portes des galeries, j'aurais bien voulu frissonner au grincement des verrous et au bruit sonore des échos bondissants de voûte en voûte; mais je n'éprouvais rien de semblable : le cloître n'avait pas de terreurs pour moi. Il me semblait que je chérissais et regrettais tout dans cette vie de communauté où l'on s'appartient véritablement, parce qu'en dépendant de tous on ne dépend réellement de personne. Je voyais tant d'aise et de liberté, au contraire, dans cette captivité qui vous préserve, dans cette discipline qui assure vos heures de recueillement, dans cette monotonie de devoirs qui vous sauve des troubles de l'imprévu !

J'allais m'asseoir dans la classe, et sur ces bancs froids, au milieu de ces pupitres enfumés, je voyais rire les pensionnaires en récréation. Quelques-unes de mes anciennes compagnes étaient encore là, mais il fallut qu'on me les nommât, tant elles avaient déjà grandi et changé. Elles étaient curieuses de mon existence, elles enviaient ma *libération*, tandis que je n'étais occupée intérieurement qu'à ressaisir les mille souvenirs que me retraçaient le moindre coin de cette classe, le moindre chiffre écrit sur la muraille, la moindre écornure du poêle ou des tables.

Ma chère bonne mère Alicia ne m'encourageait pas plus que par le passé à me nourrir de vains rêves. « Vous avez un charmant enfant, disait-elle, c'est » tout ce qu'il faut pour votre bonheur en ce monde. » La vie est courte. »

Oui, la vie paisible est courte. Cinquante ans passent comme un jour dans le sommeil de l'âme ; mais la vie d'émotions et d'événements résume en un jour des siècles de malaise et de fatigue.

Pourtant ce qu'elle me disait du bonheur d'être mère, bonheur qu'elle ne se permettait pas de regretter, mais qu'elle eût vivement savouré, on le voyait bien, répondait à un de mes plus intimes instincts. Je ne comprenais pas comment j'aurais pu me résigner à perdre Maurice, et, tout en aspirant malgré moi à ne pas sortir du couvent, je le cherchais autour de moi à chaque pas que j'y faisais. Je demandai de le prendre avec moi. « Ah, oui-da ! dit Poulette en riant, un garçon chez des nonnes ! Est-il bien petit, au moins, ce monsieur-là ? Voyons-le : s'il passe par le tour, on lui permettra de pénétrer chez nous. »

Le tour est un cylindre creux tournant sur un pivot dans la muraille. Il a une seule ouverture où l'on met les paquets qu'on apporte du dehors ; on la tourne vers l'intérieur, et on déballe. Maurice se trouva fort à l'aise dans cette cage et sauta en riant au milieu des nonnes accourues pour le recevoir. Tous ces voiles noirs, toutes ces robes blanches l'étonnèrent un peu, et il se mit à crier un des trois ou quatre mots qu'il savait : « *Lapins ! lapins !* » Mais il fut si bien accueilli et bourré de tant de friandises qu'il s'habitua vite aux douceurs du couvent et put s'ébattre dans le jardin sans qu'aucun gardien farouche vînt lui reprocher, comme à Ormesson, la place que ses pieds foulaient sur le gazon.

On me permit de l'avoir tous les jours. On le gâtait, et ma bonne mère Alicia l'appelait orgueilleusement son petit-fils. J'aurais voulu passer ainsi tout le carême; mais un mot de sœur Hélène me fit partir.

J'avais retrouvé cette chère sainte guérie et fortifiée au physique comme au moral. Au physique, c'était bien nécessaire, car je l'avais laissée encore une fois en train de mourir. Mais au moral, c'était superflu, c'était trop. Elle était devenue rude et comme sauvage de prosélytisme. Elle ne me fit pas grand accueil, me reprocha sèchement mon *bonheur terrestre*, et, comme je lui montrais mon enfant pour lui répondre, elle le regarda dédaigneusement et me dit en anglais, dans son style biblique : « Tout » est déception et vanité, hors l'amour du Seigneur. » Cet enfant si précieux n'a que le souffle. Mettre » son cœur en lui, c'est écrire sur le sable. »

Je lui fis observer que l'enfant était rond et rose, et, comme si elle n'eût pas voulu avoir le démenti d'une sentence où elle avait mis toute sa conviction, elle me dit en le regardant encore : « Bah ! il est » trop rose ; il est probablement phthisique ! »

Justement l'enfant toussait un peu. Je m'imaginai aussitôt qu'il était malade, et je me laissai frapper l'esprit par la prétendue prophétie d'Hélène. Je sentis contre cette nature entière et farouche que j'avais tant admirée et enviée une sorte de répulsion subite. Elle me faisait l'effet d'une sibylle de malheur. Je montai en fiacre, et je passai la nuit à me tourmenter du sommeil de mon petit garçon, à écouter son souffle, à m'épouvanter de ses jolies couleurs vives.

Le médecin vint le voir dès le matin. Il n'avait rien du tout, et il me fut prescrit de le soigner beaucoup moins que je ne faisais. Pourtant l'effroi que j'avais eu m'ôta l'envie de retourner au couvent. Je n'y pouvais garder Maurice la nuit, et il y faisait d'ailleurs affreusement froid le jour. J'allai faire mes adieux et mes remerciments.

## CHAPITRE DIXIÈME

Émilie de Wismes. — Sidonie Macdonald. — M. de Sémonville. — Les demoiselles B\*\*\*. — Mort mystérieuse de Deschartres, peut-être un suicide. — Mon frère commence à accomplir le sien propre par une passion funeste. — Aimée et Jane à Nohant. — Voyage aux Pyrénées. — Fragments d'un journal écrit en 1825. — Cauterets, Argelez, Luz, Saint-Sauveur, le Marborée, etc. — Les pâtres descendent de la montagne. — Passage des troupeaux. — Un rêve de vie pastorale s'empare de moi. — Bagnères-de-Bigorre. — Les spélonques de Lourdes. — Frayeur rétrospective. — Départ pour Nérac.

Avant de trouver un appartement qui nous convînt, nous avions passé une quinzaine chez ma bonne petite tante. Clotilde, sa fille, était toujours pour moi une amie parfaite. Nous faisions ensemble beaucoup de musique. Installée dans leur voisinage, je les vis souvent durant l'hiver.

Je revis à cette époque plusieurs de mes amies de couvent rentrées dans le monde ou mariées. Émilie de Wismes, toujours doucement railleuse, épousa un M. de Cornulier qu'elle s'amusa à me dépeindre vieux et laid. Je m'étonnais de la voir prendre si gaiement son parti. Je la rencontrai, un soir, avec ses parents à la sortie de l'Opéra. « Tiens ! me dit-elle, regarde. Je veux que tu le connaisses ; le voilà qui passe. » C'était le premier passant ridicule qui se trouvait dans le couloir ; un habit râpé, une tête à perruque. J'étais consternée, lorsqu'elle éclata de rire. « Console-toi, me dit-elle enfin, ce n'est pas ce monsieur-là, que je ne connais pas. Mon prétendu a vingt-deux ans, et il est mieux.

Je revis, logée au Luxembourg, dans le même appartement où plus de vingt ans après j'ai dîné chez Louis Blanc, membre du gouvernement provisoire de la république, Sidonie Macdonald, mariée au petit-fils de M. de Sémonville, grand référendaire de la chambre des pairs. C'est en 1839 seulement que j'ai connu M. de Sémonville, un vieillard aimable et charmant, qui avait l'esprit et le cœur d'un jeune homme à quatre-vingt-deux ans, et qui, s'étant pris, à première vue, d'une sympathie exaltée pour moi, me parlait de son amour avec la timidité et la naïveté d'un collégien. On m'a dit qu'il avait été fort libertin ; il y paraissait si peu à son langage, que je croirais plutôt qu'il a dû être romanesque et enthousiaste. Il est mort bien peu de temps après l'époque où je l'ai rencontré.

Les amies que je fréquentais le plus, c'étaient toujours les demoiselles B\*\*\*. L'aînée était morte ; la seconde, Aimée, était assez gravement malade ; Jane, la plus jeune, mon amie de prédilection, restait douce et sérieuse. La mort de Chérie avait brisé Aimée. Jane, la plus chétive, la plus délicate des trois, trouvait des forces surnaturelles dans le dévouement, et soignait sa sœur avec une tendresse angélique. Je n'ai jamais connu une plus belle âme que celle de Jane. Elle est restée pour moi le type de la véritable sainte. Son austérité volontaire ne pouvait rien ajouter à la candeur, à la pureté exquise de ses instincts. Avec ou sans piété, je crois qu'elle était de ces rares natures à qui la pensée du mal est inconnue, à qui le mal serait impossible. C'était la raison d'une personne mûre, avec l'indestructible naïveté d'un petit enfant. Un calme souverain, divin presque, avec une sensibilité exquise, une humilité chrétienne qu'aidaient tout naturellement le goût de la modestie et l'éternel besoin de sacrifier sa personnalité à celle d'autrui. Toute cette beauté morale était dans ses grands yeux noirs, timides à l'habitude, attentifs et pénétrants à l'occasion, profonds comme une nuit sereine, doux comme un soleil généreux.

Heureux celui qui l'a épousée s'il a connu son bonheur !

Leur père était riche et vivait grandement, mais dans une retraite presque absolue. Je n'ai jamais compris quel homme c'était, et pourquoi il a marié si tard ses filles. Il n'épargnait rien pour leur faire une existence enchantée. Leur intérieur était splendide. Jardins, chevaux, voyages, maîtres d'élite dans les arts, fleurs rares, oiseaux précieux, maisons de campagne superbes, tout ce qui pouvait entretenir et flatter des goûts charmants leur était prodigué. Leurs moindres désirs étaient même devancés par de délicates et somptueuses prévenances. Et pourtant elles n'étaient point heureuses, du moins Aimée languissait sous le poids d'un mal profond et d'un ennui vainement combattu par la crainte d'affliger sa sœur, et Jane, qui se fût trouvée heureuse partout avec des oiseaux et des fleurs, souffrait incessamment des souffrances d'Aimée.

Elles devaient faire le voyage des Pyrénées au mois de juin suivant, mon mari devait me conduire chez son père près de Nérac. Il fut convenu qu'elles passeraient par Nohant et que nous irions les rejoindre à Cauterets, avant d'aller à *Quillery*.

Le colonel Dudevant était à Paris avec sa femme, que je faisais mon possible pour aimer, bien qu'elle ne fût pas fort aimable. Le beau-père était le meilleur des hommes. Nous dînions souvent chez eux avec Deschartres, que le vieux colonel aimait à taquiner et qu'il traitait de jésuite, tandis que Deschartres le traitait de jacobin, épithètes aussi peu méritées d'une part que de l'autre.

Deschartres s'était logé à la place Royale. Il avait là, pour fort peu d'argent, un très-joli appartement. Il s'était meublé et paraissait jouir d'un certain bien-être. Il nous entretenait de petites affaires qui avaient manqué, mais qui devaient aboutir à une grande affaire d'un succès infaillible. Qu'était-ce que cette grande affaire ? Je n'y comprenais pas grand'chose ; je ne pouvais prendre sur moi de prêter beaucoup d'attention aux lourdes expositions de mon pauvre pédagogue. Il était question d'huile de navette et de colza. Deschartres était las de l'agriculture pratique. Il ne voulait plus semer et récolter, il voulait acheter et vendre. Il avait noué des relations avec des gens *à idées*, comme lui, hélas ! Il faisait des projets, des calculs sur le papier, et, chose étrange, lui si peu bienveillant et si obstiné à n'estimer que son propre jugement, il accordait sa confiance et prêtait ses fonds à des inconnus.

Mon beau-père lui disait souvent : « Monsieur Deschartres, vous êtes un rêveur, vous vous ferez tromper. » Il levait les épaules et n'en tenait compte.

Il aimait beaucoup Maurice, lequel était plantureusement gâté par le colonel. Quant à madame Dudevant, elle ne pouvait pas souffrir les marmots, et le mien ayant eu quelques malheurs sur le parquet, elle fut si révoltée de cette inconvenance qu'elle m'engagea à ne plus l'amener chez elle qu'atteint et convaincu d'avoir pris toutes les précautions désirables. C'était fort difficile, Maurice n'ayant pas encore bien compris la religion du serment. Il avait dix-huit mois.

Au printemps de 1825 nous retournâmes à Nohant, et trois mois s'écoulèrent sans que Deschartres me donnât de ses nouvelles. Étonnée de voir mes lettres sans réponse, et ne pouvant m'adresser à mon beau-père, qui avait quitté Paris, j'envoyai aux informations à la place Royale.

Le pauvre Deschartres était mort. Toute sa petite fortune avait été risquée et perdue dans des entreprises malheureuses. Il avait gardé un silence complet jusqu'à sa dernière heure. Personne n'avait rien su et personne ne l'avait vu, lui, depuis assez longtemps. Il avait légué son mobilier et ses effets à une blanchisseuse qui l'avait soigné avec dévouement. Du reste, pas un mot de souvenir, pas une plainte, pas un appel, pas un adieu à personne. Il avait disparu tout entier, emportant le secret de son ambition déçue ou de sa confiance trahie; calme probablement, car, en tout ce qui touchait à lui seul, dans les souffrances physiques comme dans les revers de fortune, c'était un véritable stoïcien.

Cette mort m'affecta plus que je ne voulus le dire. Si j'avais éprouvé d'abord une sorte de soulagement involontaire à être délivrée de son dogmatisme fatigant, j'avais déjà bien senti qu'avec lui j'avais perdu la présence d'un cœur dévoué et le commerce d'un esprit remarquable à beaucoup d'égards. Mon frère, qui l'avait haï comme un tyran, plaignit sa fin, mais ne le regretta pas. Ma mère ne lui faisait pas

## CHAPITRE DIXIÈME.

grâce au delà de la tombe, et elle écrivait : « Enfin Deschartres n'est plus de ce monde ! » Beaucoup des personnes qui l'avaient connu ne lui firent pas la part bien belle dans leurs souvenirs. Tout ce que l'on pouvait accorder à un être si peu sociable, c'était de le reconnaitre honnête homme. Enfin, à l'exception de deux ou trois paysans dont il avait sauvé la vie et refusé l'argent selon sa coutume, il n'y eut guère que moi au monde qui pleurai le *grand homme*, et encore dus-je m'en cacher pour n'être pas raillée, et pour ne pas blesser ceux qu'il avait trop cruellement blessés. Mais, en fait, il emportait avec lui dans le néant des choses finies toute une notable portion de ma vie, tous mes souvenirs d'enfance, agréables et tristes, tout le stimulant, tantôt fâcheux, tantôt bienfaisant, de mon développement intellectuel. Je sentis que j'étais un peu plus orpheline qu'auparavant. Pauvre Deschartres ! il avait contrarié sa nature et sa destinée en cessant de vivre pour l'amitié. Il s'était cru égoïste, il s'était trompé : il était incapable de vivre pour lui-même et par lui-même.

L'idée me vint qu'il avait fini par le suicide. Je ne pus avoir sur ses derniers moments aucun détail précis. Il avait été malade pendant quelques semaines, malade de chagrin probablement; mais je ne pouvais croire qu'une organisation si robuste pût être si vite brisée par l'appréhension de la misère.

7.

D'ailleurs il avait dû recevoir une dernière lettre de moi, où je l'invitais encore à venir à Nohant. Avec son esprit entreprenant et sa croyance aux ressources inépuisables de son génie, n'eût-il pas repris espoir et confiance, s'il se fût laissé le temps de la réflexion? N'avait-il pas plutôt cédé à une heure de découragement, en précipitant la catastrophe par quelque remède énergique, propre à emporter le mal et le chagrin avec la vie? Il m'avait tant chapitrée sur ce sujet, que je n'eusse guère cru à une funeste inconséquence de sa part, si je ne me fusse rappelé que mon pauvre précepteur était l'inconséquence personnifiée. En d'autres moments, il m'avait dit : « Le jour où votre père est mort, j'ai été bien près de me brûler la cervelle. » Une autre fois je l'avais entendu dire à quelqu'un : « Si je me sentais infirme et incurable, je ne voudrais être à charge à personne. Je ne dirais rien, et je m'administrerais une dose d'opium pour avoir plus tôt fini. » Enfin, il avait coutume de parler de la mort avec le mépris des anciens et d'approuver les *sages* qui s'étaient volontairement soustraits par le suicide à la tyrannie des choses extérieures.

Il est temps que je parle de mon frère, qui déjà m'avait causé d'assez vifs chagrins, et qui vivait tantôt chez moi, tantôt à la Châtre, tantôt à Paris.

Il s'était marié, peu de temps après moi, avec mademoiselle Émilie de Villeneuve, une personne excellente et riche relativement, qui possédait une maison à Paris, et devait hériter bientôt d'une terre voisine de la nôtre. Il ne gérait pas très-bien dès lors sa petite fortune. Tour à tour occupé de ses intérêts matériels avec une inquiétude fiévreuse, et absorbé par la malheureuse passion du vin du cru, si répandue chez les campagnards berrichons, que s'en abstenir à un certain âge est presque un fait exceptionnel, il diminua plus qu'il n'augmenta le bien-être de sa famille, et se vit souvent tourmenté de dettes dont il noyait le souci dans l'ivresse.

Cette absurde et funeste infirmité, car je ne puis considérer l'ivrognerie que comme une maladie lente et obstinée, fut le tombeau d'une des plus charmantes intelligences, d'un des meilleurs cœurs et d'un des plus aimables caractères que j'aie jamais rencontrés. Mon frère avait beaucoup de l'esprit et de l'âme de notre père, comme il avait beaucoup de son air et de sa tournure dans sa jeunesse. Mais, dès l'âge de trente ans, l'épaississement moral et physique effaça cette ressemblance, et il entra avec acharnement dans un système de suicide, où son caractère se dénatura, où ses facultés s'éteignirent, où son cœur même s'aigrit, et où son corps survécut de quelques années à son âme.

De là des souffrances et des malheurs réels autour de lui; mais, hélas, dans ce résumé de haute équité, que les morts ne nous *permettent* pas seulement, mais qu'ils nous *commandent* de faire de leur vie, je sens combien ses torts furent involontaires, et combien l'être moral, qui est aujourd'hui délivré d'un fatal abrutissement, était nativement inoffensif, intelligent et bon. Un commerce égal et sensé lui était devenu impossible dans les dernières années de sa vie; mais, en rassemblant, dans cette vie morcelée par l'aliénation périodique de l'ivresse, toutes les heures de lucidité où il fut lui-même, on pourrait encore reconstruire une vie précieuse et des souvenirs bénis.

Cette fureur de sauvage à l'endroit du vin et des liqueurs fortes vint jeter une grosse pierre au milieu de mon repos domestique. D'autres en furent atteints autour de moi. D'autres qui en sont morts aussi, d'autres qui s'en sont corrigés, je ne dirai pas à temps pour le bonheur de leur famille, mais pour la conservation de leur existence.

Mon frère et sa femme avaient une jolie petite fille à peu près de l'âge de Maurice. Ils me l'amenaient souvent et me la laissaient même quelquefois des saisons entières pour qu'elle se fortifiât à la campagne, quand l'exploitation de la maison de Paris les forçait à s'éloigner un peu longtemps. Léontine fut donc élevée en bonne partie avec Maurice, sous mes yeux.

Hippolyte était auprès de nous, je m'en souviens, quand M. Bazonin vint avec ses filles et un vieux

## CHAPITRE DIXIÈME.

magistrat fort aimable, de ses amis, M. Gaillard. Nous fîmes tous ensemble des promenades en voiture. Aimée monta ma laide et généreuse Colette, escortée par mon frère, qui s'abstint de boire pendant quelques jours.

Le 30 juin, nos domestiques et nos ouvriers fêtèrent l'anniversaire de Maurice. On me l'apporta dans une châsse de fleurs, montée par le menuisier du village, décorée par le jardinier, et assez semblable à celle où l'on promène des reliques ou des figures de saint à la procession de la Fête-Dieu. On plaça l'enfant et la châsse au milieu de la table, on tira force coups de pistolet et on dansa la bourrée.

Le 5 juillet suivant, c'était aussi mon anniversaire. J'avais vingt et un ans. Ce jour-là nous partîmes pour le Midi. J'ai conservé une relation en forme de journal que j'écrivis à cette époque et qui sert d'itinéraire à mes souvenirs. Il s'y trouve quelques pages qui peignent ma situation morale et que je vais rapporter. J'étais assez mécontente de la vie, comme on le verra. En outre, j'étais malade, moins pourtant que je ne le paraissais. J'avais une toux opiniâtre, des battements de cœur fréquents et quelques symptômes de phthisie. Mais j'ai été souvent reprise de ce mal, qui s'est toujours dissipé de lui-même, et que j'ai dû attribuer à un état nerveux. A l'époque où j'en suis de mon récit, je ne me croyais pas nerveuse, je me croyais phthisique.

5 juillet 1825.

## VOYAGE AUX PYRÉNÉES.

Dans dix minutes, j'aurai quitté Nohant. Je n'y laisse rien qui puisse m'inspirer de véritables regrets, si ce n'est mon frère. Mais que cette vieille amitié d'autrefois s'est donc refroidie ! Il rit, il est gai, à l'heure de mon départ, lui ! Allons, adieu, Nohant, je ne te reverrai peut-être plus. . . . .
. . . . . . . . . . . . . . . . . .

## CHALUS.

Mes domestiques pleuraient. Je n'ai pas pu y tenir : j'ai fait comme eux. J'ai lu en voiture quelques pages d'Ossian. Le soleil m'a plantée là, au beau milieu de mes ombres et de mes étoiles errantes ; j'ai pris le parti de réfléchir, et ce n'est pas une petite affaire pour moi, qui voudrais pouvoir vivre sans penser à rien. J'ai pris de belles résolutions pour le voyage : ne pas m'inquiéter du moindre cri de Maurice, ne pas m'impatienter de la longueur du chemin, ne pas me chagriner des moments d'humeur de *mon ami*. . . . . . . .

# CHAPITRE DIXIÈME.

### PÉRIGUEUX.

J'ai parcouru des pays charmants; j'ai vu de beaux chevaux. Cette ville-ci me paraît agréable, mais je suis triste à la mort. J'ai beaucoup pleuré en marchant; mais à quoi sert de pleurer? Il faut s'habituer à avoir la mort dans l'âme et le visage riant.

### TARBES.

Un beau ciel, des eaux vives, des constructions bizarres faites d'énormes galets apportés par le gave, des costumes variés, un rendez-vous forain, des types animés de tout ce côté sud de la France. C'est très-joli, Tarbes; mais mon mari est toujours de bien mauvaise humeur. Il s'ennuie en voyage, il voudrait être arrivé. Je comprends ça; mais ce n'est pas ma faute si le voyage est de deux cents lieues. . . . . . . . . . . . .
. . . . . . . . . . . .

Peu à peu cet amphithéâtre de montagnes blanches se rapproche et se colore. Malgré l'excessive chaleur, je suis montée sur le siége de la voiture avec mon mari pour mieux voir le pays. Enfin nous sommes entrés dans les Pyrénées. La surprise et l'admiration m'ont saisie jusqu'à l'étouffement. J'ai toujours rêvé les hautes montagnes. J'avais gardé de celles-ci un souvenir confus qui se réveille et se complète à présent; mais ni le souvenir ni l'imagination ne m'avaient préparée à l'émotion que j'éprouve. Je ne me figurais pas la hauteur de ces masses qui touchent les nuages et la variété des adorables détails qu'elles présentent. Les unes sont fertiles et cultivées jusqu'à leur sommet; les autres sont dépourvues de végétation, mais hérissées de rocs formidables en désordre comme au lendemain d'un cataclysme universel.

La route suit le gave en remontant son cours jusqu'à Cauterets. C'est en quittant Pierrefitte, c'est en gravissant une montagne inouïe de rapidité pour des chevaux attelés, c'est en entendant mugir le torrent dans toute sa fureur, que l'âme se resserre et qu'un sentiment d'effroi insurmontable vient glacer le cœur. Là, le jour devient bleuâtre, de noires montagnes de marbre et d'ardoise où se traînent une sombre bruyère et des arbres nains resserrent le ciel. La route serpente aux flancs d'une gorge, aux parois d'un abime. Les blocs se penchent et surplombent. Le précipice se creuse, le gave s'enfonce et gronde, tantôt complétement disparu sous une masse de sauvage et splendide végétation, tantôt écumeux, blanc comme la neige dans les murailles arides qui le pressent, ou parmi les rochers qui l'encombrent. Ailleurs, il se rappro-

## CHAPITRE DIXIÈME.

che, il s'apaise, il devient limpide et bleu comme le ciel. Des tilleuls à petites feuilles, couverts de fleurs, croissent sur ses rives et apportent aux voyageurs leurs têtes parfumées au niveau du chemin.

Tout cela m'a paru horrible et délicieux en même temps. J'avais peur, une peur inouïe et sans cause, une peur de vertige et qui n'était pas sans charme. J'étais ivre et j'avais envie de crier. Notre domestique Vincent, dont j'avais pris la place sur le siége, et qui était dans la voiture avec Maurice et Fanchon, passait la tête à la portière et disait de temps en temps : « C'est bien gentil ; c'est, ma foi, très-gentil. »

Enfin j'aperçus Jane et Aimée à une croisée. Un instant après nous nous embrassions follement. Il y a une chambre pour nous à côté de la leur.

. . . . . . . . . . . . . . .

Les appartements sont d'une simplicité primitive et d'une cherté exorbitante. La petite ville ou plutôt le hameau est tout bâti en marbre brut. Les ruisseaux sont de cristal ; tout est propre, réparé à chaque dégel, et tout est plein de beau monde assez laid. C'est un vaste hôtel garni.

Ce matin, à peine éveillée, j'ai couru à la fenêtre. Bon! nous voilà en pays de plaine. Où sont donc les montagnes d'hier soir? Où se cachent donc les cataractes dont j'entends le vacarme? Le brouillard était descendu si blanc et si épais que l'on ne voyait pas même le pied des Pyrénées. Il s'éleva peu à peu, mais par déchirures singulières. Ce n'était pas, comme dans nos pays plats, un rideau léger qui se roule tout doucement sur lui-même. C'était un voile opaque qui se fendait par étroites zones, ou qui se trouait par petites brèches. Cauterets est bâti dans un entonnoir dont les cimes placent l'horizon non pas sous les yeux, mais au-dessus de la tête. A travers ces déchirures du brouillard, je vis avec étonnement un petit coin de paysage, un chalet, un arbre, un troupeau, une courte prairie, placés verticalement comme un tableau suspendu à rien, comme un rêve jeté dans l'espace. La brume, qui se déplaçait, l'enveloppa bien vite et mit à découvert un autre paysage, un sentier, une roche, un massif. Cela était incompréhensible à la vue. Enfin tout s'éclaircit, tout s'éclaira. Ce que j'avais pris pour le ciel était la nuée, ce qui me paraissait l'espace était la densité.

. . . . . . . . . . . . .

Monsieur *** chasse avec passion. Il tue des chamois et des aigles. Il se lève à deux heures du matin et rentre à la nuit. Sa femme s'en plaint. Il n'a pas l'air de prévoir qu'un temps peut venir où elle s'en réjouira.

## CHAPITRE DIXIÈME.

Dans le rêve qu'il est permis de faire d'un amour parfait, l'époux ne se créerait pas volontiers la nécessité continuelle de l'absence. Quand des devoirs inévitables, des occupations sérieuses la lui auraient imposée, la tendresse qu'il éprouverait et qu'il inspirerait au retour serait d'autant plus vive et mieux fondée. Il me semble que l'absence subie à regret doit être un stimulant pour l'affection, mais que l'absence cherchée passionnément par l'un des deux est une grande leçon de philosophie et de modestie pour l'autre. Belle leçon sans doute, mais bien refroidissante !

Le mariage est beau pour les amants et utile pour les saints.

En dehors des saints et des amants, il y a une foule d'esprits ordinaires et de cœurs paisibles qui ne connaissent pas l'amour et qui ne peuvent atteindre à la sainteté.

Le mariage est le but suprême de l'amour. Quand l'amour n'y est plus ou n'y est pas, reste le sacrifice. — Très-bien pour qui comprend le sacrifice. Cela suppose une dose de cœur et un degré d'intelligence qui ne courent pas les rues.

Il y a au sacrifice des compensations que l'esprit vulgaire peut apprécier. L'approbation du monde, la douceur routinière de l'usage, une petite dévotion tranquille et sensée qui ne tient pas à s'exalter, ou bien de l'argent, c'est-à-dire des jouets, des chiffons, du luxe : que sais-je ? mille petites choses qui font oublier qu'on est privé de bonheur.

Alors tout est bien apparemment, puisque le grand nombre est vulgaire ; c'est une infériorité de jugement et de bon sens que de ne pas se contenter des goûts du vulgaire.

Il n'y a peut-être pas de milieu entre la puissance des grandes âmes qui fait la sainteté, et le commode hébétement des petits esprits qui fait l'insensibilité.

— Si fait, il y a un milieu : c'est le désespoir.

. . . . . . . . . . . . . . . . . . . .

Mais il y a aussi l'enfantillage, bonne et douce chose à conserver, quoi qu'on en dise ! Courir, monter à cheval, rire d'un rien, ne pas se soucier de la santé et de la vie ! Aimée me gronde beaucoup. Elle ne comprend pas qu'on s'étourdisse et qu'on ait besoin d'oublier. « Oublier quoi ? me dit-elle. — Que sais-je ? Oublier tout, oublier surtout qu'on existe. »

. . . . . . . . . . . . . . . . . . . .

Voilà Maurice malade, et je le redeviens. Je ne vis plus du tout, ou plutôt je vis trop. Je ne peux plus me distraire.

. . . . . . . . . . . . . . . . . . . .

## CHAPITRE DIXIÈME.

Maurice est guéri. Je redeviens folle. Mon mari arrange la partie d'aller à Gavarnie avec la famille Leroy. J'ai envie d'en être, et puis non, et puis oui.

. . . . . . . . . . .

Ma foi, oui. Il y a de l'humeur ici. Je me prends de grande amitié pour Zoé, quoique * veuille m'en détourner. Elle prétend que Zoé est trop gaie; elle ne voit pas clair. Zoé est gaie... comme moi. * veut que je m'amuse dans la société de madame ***, dont elle s'est mise à raffoler, et qui n'est pour moi qu'une chipie. On veut que je chante ce soir : *Ebben, per mia memoria.* — *Ebbene,* ça m'ennuie de chanter. Est-ce que je sais chanter, moi ? Est-ce que je suis venue à Cauterets pour aller en soirée et retrouver Paris dans ce pays d'aigles et de chamois? Non. Je m'en vas voir des neiges, des torrents, des ours, s'il plaît à Dieu. Il y en avait un l'autre jour à une lieue d'ici, à cent pas du chemin. Il nous regardait passer d'un air bien méprisant.

. . . . . . . . . . .

Je suis partie assez triste; * m'a dit des choses dures. Une madame ***, qui dit à tout le monde qu'elle vient aux eaux dans l'espoir de faire un enfant, ce qui ne me paraît pas bien chaste à faire savoir, lui a dit que j'avais tort de faire des courses sans mon mari. Je ne vois pas que cela soit, puisqu'il prend les devants et que je vas où il veut aller.

Je vois que je ne suis pas sympathique aux personnes qui plaisent à \*. Je dois dire que c'est réciproque. Il ne faut pas se disputer là-dessus; il faut se distraire de ces petites tracasseries et ne pas entrer dans une vie de petites jalousies et de petits propos. Jane est toujours un ange. Sa sœur aussi, après tout. Un peu de divergence dans les points de vue sur le monde. Ça passera, comme dit ma tante.

Ma tante !..... Je pense à toi. Comme tu es bonne, toi ! comme tu es gaie ! comme tu es drôle quand tu dis : « Tout ça, tout ça... il n'y a pas de quoi fouetter un chat ! » Tu dis cela à propos de tout. Ah ! si tu pouvais avoir raison !

. . . . . . . . . . . . . . .

De Cauterets à Luz, c'est encore plus beau que tout le reste. Même genre de beauté que de Pierrefitte à Cauterets, mais plus sombre, plus déchiré, plus effrayant encore. Le gouffre du pont d'Enfer donne envie de se jeter dedans. C'est un torrent épouvantable qui, en se précipitant, se roule sur lui-même avec une gaieté folle.

. . . . . . . . . . . . . . .

### LUZ.

Nous avons vu, par les fenêtres ouvertes du rez-de-chaussée, le bal de Saint-Sauveur. C'est aussi bête que celui de Cauterets, bien qu'un peu plus décoré. Toujours la sauvage musique à base de tympanon. Cela serait peut-être très-caractéristique avec les airs du pays, mais personne ne s'en soucie. Ces bons ménétriers jouent des contredanses à faire grincer des dents. Les belles dames et les beaux messieurs font toilette et figurent, en se parlant de leurs maux d'entrailles et de leurs rhumatismes.

. . . . . . . . . . . . . .

Je n'avais rien vu, en vérité. De Luz à Gavarnie, c'est le chaos primitif, c'est l'enfer. Le torrent, c'est le *rauco suon della tartarea tromba*. La grotte du jardin de Gêdres, c'est la grotte d'Apollon à Versailles faite par la nature et dans des proportions cyclopéennes. Seulement il n'y a pas d'Apollon, et c'est bien mieux. Le Marborée, c'est quelque chose d'indescriptible. Une muraille de glaces, de neiges, de rochers incommensurables entourant un cirque où l'on est mouillé par la chute de cascades de douze cents toises perpendiculaires. Des ponts de neige sur lesquels passent des caravanes de pâtres et de troupeaux ! Que sais-je ? On ne voit pas bien, on ne peut pas regarder assez. Il y a trop d'étonnement. On ne pense pas même au danger. Mon mari est des plus intrépides. Il va partout et je le suis. Il se retourne et il me gronde. Il dit que je me *singularise*. Je veux être pendue si j'y songe. Je me retourne, et je vois Zoé qui me suit. Je lui dis qu'elle se singularise. Mon mari se fâche parce que Zoé rit.

Mais la pluie des cataractes est un grand calmant, et on s'y défâche vite.

Les uns ont peur, les autres ont froid. Un monsieur qui est dans le commerce compare la vallée coupée par petits enclos cultivés à une *carte d'échantillons*. Une très-jolie Bordelaise, très-élégante, s'écrie tout à coup avec une voix flûtée et un accent renforcé : *Oh! la tripe me jappe!* Ça signifie qu'elle a faim. Son mari, au contraire, se plaint de la colique et de ses conséquences. Mademoiselle *** se trouve mal dans sa chaise à porteurs. Ses porteurs, qui ont fait sept lieues au pas de course, ne se trouvent pas mieux, bien qu'ils n'aient pas fait la sottise de se mettre en route avec trois grands verres de cette traîtreuse source purgative dans l'estomac. Cette singulière cumulation de régime, les eaux et la promenade, font de toutes les parties de plaisir une ambulance.

Je reste à soigner mademoiselle ***, qui est belle et aimable, ce qui me prive de me singulariser jusqu'à admirer le Marborée à mon aise. Zoé me dit en soupirant : « C'est affreux de ne pas être seules ou avec des gens intelligents ou bien portants tout au moins. On se tue pour venir voir une chose inouïe de magnificence, une chose unique dans l'univers, et il faut tenir la tête à l'une, rassurer l'autre, écouter les bêtises de tous ! »

Le pire, c'est qu'à peine arrivé il faut partir. Il

n'y a pas de gîte, il faut refaire sept lieues sur une corniche de deux ou trois pieds de large, où les chevaux ne plaisantent pas avec la nuit. Et puis, dès que le soleil baisse, un froid mortel vous chasse. Les dents claquent dans la bouche dès que l'on n'est plus trempé de sueur par la fatigue de la course.

Moi, je voulais retourner à Cauterets le soir même. Je ne trouve pas Maurice assez guéri pour le laisser deux nuits de suite avec sa bonne et Vincent. J'avais loué le matin un cheval de rechange à Luz, un cheval affreux, mais excellent. Nous partons devant, Zoé et moi. Nous laissons vite les guides et la caravane derrière nous. Nous franchissons au galop les passages les plus fantastiques. Zoé est insensée de courage. Cela me grise; me voilà à son niveau. Nous arrivons à l'endroit appelé le *Chaos* une demi-heure avant tout le monde. Nous pouvons nous arrêter et contempler. « Mon Dieu, dit Zoé, nous voilà seules, quel bonheur! Singularisons-nous tout à notre aise. Regardons et admirons. »

Zoé s'exalte. Il y a bien de quoi. J'aime cette nature enthousiaste, cet esprit généreux, ce cœur intelligent. Nous repartons au galop en entendant arriver la caravane, et nous ne nous ralentissons que quand nous sommes à portée de reprendre la conversation en liberté. De quoi parlons-nous? Ah!

que de belles théories en pure perte ! L'amour, le mariage, la religion, l'amitié, que sais-je ? Elle conclut ainsi : « Nous avons un peu plus d'intelligence et de réflexion que beaucoup d'autres qui ne pensent à rien, et c'est tant pis pour nous ! »

J'ai dit bonsoir à Saint-Sauveur et adieu à l'excellent cheval qui ne m'a point cassé le cou, bien que j'y aie fait mon possible. J'ai repris mon autre monture et suis rentrée à Cauterets à la nuit, après avoir fait trente-six lieues à cheval. Je ne m'en porte pas plus mal, d'autant plus que j'ai trouvé Maurice dormant comme un ange, et les petites querelles oubliées. Pourtant * me boude un peu à l'occasion. Elle tient pour le grand monde. Elle n'en est pourtant pas, et moi je n'en suis plus, Dieu merci !

. . . . . . . . . . . . .

On se rend des visites. C'est absurde, puisqu'on ne se reverra pas, et c'est ennuyeux. Nous avons reçu celle de la princesse de Condé, veuve du duc d'Enghien. Elle n'est ni jeune, ni belle, et n'a point l'air distingué. Un grand air de bonhomie protectrice, que les badauds prennent pour de la bienveillance, et dont ils sont très-fiers. Il n'y a pas de quoi.

Le général Foy est ici. Il est bien malade. Je l'ai rencontré seul, très-pâle, une douce figure, triste, abattue. Il mourra, dit-on.

# CHAPITRE DIXIÈME.

Madame de Rumfort, veuve d'un savant connu des imbéciles comme moi par ses soupes et ses cheminées, vient d'arriver avec une jeune nièce fort jolie.

Un autre savant, Magendie, vient d'explorer le passage des montagnes par le tour Mallet. Il a manqué périr de froid en route. Ses porteurs se sont démoralisés et ont failli l'abandonner au milieu des glaces.

Nous vivons d'ours et de chamois, mais nous n'en voyons guère. Pourtant, l'autre jour, en allant au lac de Gaube, nous avons vu un isard et un essai de chasse. L'isard s'est moqué des chasseurs.

### CAUTERETS

(Suite du journal).

Le pont d'Espagne, la chute de Cerizey, le lac de Gaube, le glacier de Vignemale, quelles admirables choses ! Mais on voit tout cela trop vite. Il faudrait pouvoir vivre un mois dans chaque site, et y vivre à sa guise et avec les amis de son choix. Tout cela est si beau, si attachant, si bouleversant, qu'on n'est que fou et comme ivre à la première vue. Et puis, vite, vite, il faut passer outre, parce qu'il faut arriver. Et à peine arrivé, il faut partir encore, parce qu'il faut rentrer. Je ne sais où donner de la tête. Je suis toujours pressée, pour mon compte aussi, de retrouver mon marmot, et je reste toujours sur ma soif devant les merveilles de la nature.

S'en lasserait-on, si on les avait à discrétion? Non, ce n'est pas possible, à moins que cet air vif et cette excitation de l'esprit ne fussent mortels à nous autres gens de la plaine. Je ne sais pas, mais quant à moi, jusqu'ici, plus je me fatigue, plus j'ai envie de recommencer. Le mouvement m'a saisie comme une fièvre. Je tousse et j'étouffe à chaque instant, mais je ne sais pas si je souffre. Oui, au fait, je souffre, je m'en aperçois quand je suis seule. L'autre jour, je me promenais dans des rochers, derrière le jardin Labatte. J'ai été prise de crampes d'estomac si abominables, que j'ai été obligée de me coucher sur l'herbe. Une bonne femme qui allait au lavoir m'avait vue entrer dans ces rochers; elle m'a suivie pour me dire qu'il y avait des serpents et qu'il y avait danger à rester là. Ça m'était égal, tant je souffrais et me sentais brisée; mais j'ai fait un effort pour m'en aller, afin de ne pas tourmenter cette femme, qui avait l'air compatissant. Je l'ai suivie au lavoir et l'ai regardée battre et tordre son linge. Elle se faisait à peu près entendre en français et se trouvait bien malheureuse d'habiter ce beau pays où je voudrais passer ma vie, mais dont elle ne voit que les horreurs et les rigueurs. Tous ces montagnards parlent de l'hiver avec épouvante,

## CHAPITRE DIXIÈME.

Leur été est si court, qu'ils n'ont pas le temps de le prendre en amitié.

Mes amies B*** ne s'amusent point ici. Elles se sont constituées baigneuses et buveuses d'eau, à la lettre. Je ne sais pas quelle est la maladie d'Aimée. Elle est certainement malade, mais il ne me semble pas qu'elle le soit moitié autant que moi, et je me figure que si elle ne buvait rien du tout et se fatiguait à la promenade, elle reprendrait ses forces. Mais son père est vieux et lourd, et elles sont ici prisonnières, ne jouissant de rien, ne voyant rien, faisant de petites promenades de *santé* qui entretiennent parfaitement la maladie, et s'imaginant que je me tue parce que je ne veux pas me laisser tuer par les médecins. Celui d'ici est furieux contre moi parce que je ne l'écoute pas.

---

J'écrivis beaucoup sur les Pyrénées durant et après ce voyage. Mes premières notes jetées sur un agenda de poche, et d'où je viens d'extraire ces lignes, sont rédigées avec assez de spontanéité, comme l'on voit. Mais il m'arriva après coup ce qui doit être arrivé à beaucoup d'écrivains en herbe. Mécontente du laisser-aller de ma première forme, je rédigeai sur des cahiers un voyage que je relis en ce moment, et qui se trouve très-lourd et trèsprétentieux de style. Et pourtant ce prétentieux fut naïvement cherché, je m'en souviens. A mesure que je m'éloignais des Pyrénées, j'avais peur de laisser échapper les vives impressions que j'y avais reçues, et je cherchais des mots et des phrases pour les fixer, sans en trouver qui fussent à la hauteur de mon sujet. Mon admiration rétrospective n'avait plus de limites, et j'étais emphatique consciencieusement.

Au reste, je sentis bien que je n'étais pas capable de me contenter moi-même par mes écrits, car je ne complétai rien et ne pris pas encore le goût d'écrire.

Ce journal me retrace une circonstance que j'avais presque oubliée, c'est qu'il y eut un peu de dissidence entre l'aînée des demoiselles B*** et moi à propos du choix de nos relations, qui se trouva différer autant que nos habitudes de régime. Aimée était une personne accomplie et d'une distinction exquise. Elle aimait tout ce qui est élégant et *orné* d'une façon quelconque dans la société : les noms, les manières, les talents, les titres. Moi, écervelée (car je l'étais à coup sûr), je traitais tout cela de vanité en moi-même, et j'allais chercher l'intimité et la simplicité avec la poésie. Grâce à Dieu, je les trouvai dans Zoé, qui était réellement une personne de mérite, et, en outre, une femme d'un cœur aussi avide d'affection que le mien. Elle était aussi romanesque qu'Aimée était positive, aussi expansive que Jane était rêveuse et réservée. J'aimais ces diverses natures, qui malheureusement ne sympathisaient pas entre elles.

Ce en quoi j'eus bien raison, ce fut de ne vouloir pas me soumettre au traitement des eaux. Quand je me vis, après une douche écrasante, enveloppée de couvertures comme une momie, emballée dans une chaise à porteurs, et ramenée dans ma chambre avec injonction de me coucher pendant le reste de la matinée, je crus que j'allais devenir folle, et j'entrai en révolte ouverte. A ce métier-là, avec les visites à recevoir et à rendre, je n'aurais pas vu mon enfant de la journée et je n'aurais pas aperçu les Pyrénées. Je me hâtai de supprimer le traitement et de ne fréquenter que les personnes avec qui je me plaisais. Zoé et sa famille demeuraient précisément dans la maison en face de la nôtre. La rue n'était pas large. Nous pouvions causer par la fenêtre et aller et venir dix fois par jour les unes chez les autres.

Nous quittâmes Cauterets à la fin d'août, je crois, chassés déjà par les brouillards qui s'épaississaient et refroidissaient l'atmosphère. Les baigneurs s'en allaient, quelques promeneurs attardés se dépitaient comme moi de voir la nature s'obscurcir et se voiler au moment où la solitude leur permettait de la savourer. Je dis la solitude relativement aux gens du monde, car, à ce moment, il se faisait, au contraire, un grand mouvement chez les indigènes. Toute la population des pasteurs de troupeaux descendait les cimes où elle avait parqué les trois mois de la belle saison avec le bétail, et retournait à la plaine. C'était un passage continuel d'hommes et d'animaux quasi sauvages, et c'était vraiment un beau spectacle que cette émigration. Les robustes bergers, bronzés par le soleil et plus semblables à des Arabes qu'à des Français, marchaient par groupes dans leur pittoresque costume, accompagnés de petits chevaux ou de mulets portant leur mobilier, c'est-à-dire quelques couvertures, des cordes, des chaînes, et ces grands vases de cuivre éblouissants où ils reçoivent et travaillent le laitage. Derrière eux suivaient leurs troupeaux réunis, vaches, moutons, chèvres, veaux et poulains. Bon nombre, nés dans la saison sur la montagne, n'avaient encore jamais vu d'autres hommes que leurs gardiens, et, saisis d'une indicible terreur en traversant les hameaux, ils s'engouffraient, suants et désespérés, dans les rues étroites, et il ne faisait pas bon se trouver sur leur passage. Sur les flancs de ces caravanes couraient ces grands chiens des Pyrénées, les types primitifs, dit-on, de la race canine, animaux superbes qui, à la manière des taureaux de race pure, ont la tête, l'encolure et les épaules disproportionnées en raison du train de derrière, qui semble évidé pour la course. La voix de ces molosses est une basse-taille profonde, et, dans la nuit, quand ils passaient sous ma fenêtre, il y avait quelque chose d'étrange et de farouche dans leur aboiement sonore et dans le bruit lourd et précipité des pieds des troupeaux sur le granit.

La vie des pâtres sur la montagne se présentait à mon imagination comme un rêve divin, et je me rappelais ce que Deschartres m'avait expliqué : *O fortunatos!...* c'est-à-dire : « O heureux les habitants des campagnes, s'ils connaissaient leur bonheur ! »

Vivre ainsi dans la solitude des monts sublimes, dans la plus belle saison de l'année, au-dessus, moralement et réellement, de la région des orages ; être seul, ou avec quelques amis de même nature que soi, en présence de Dieu ; être assez aux prises avec la vie physique, avec les loups et les ours, avec les périls de l'isolement et les fureurs de la tempête, pour se sentir, en tant qu'animal soi-même, ingénieux, agile, courageux et fort ; avoir à soi les longues heures du recueillement, la contemplation du ciel étoilé, les bruits magiques du désert, enfin la possession de ce qu'il y a de plus beau dans la création unie à la possession de soi-même, voilà l'idéal qui succéda, dans ma jeune tête, à celui de la vie monastique, et qui la remplit pendant de longues années.

Je me rappelais Isabella Clifford, mon amie de couvent, me racontant la Suisse et son rêve d'être bergère dans un beau chalet de l'Oberland. Moi, j'aurais voulu devenir berger, avoir la poitrine large et les fortes jambes de ces espèces de sauvages que je voyais passer, graves, pensifs et comme déshabitués de voir et d'entendre les autres hommes. J'aurais voulu pouvoir mettre sur un mulet mon enfant, ma couverture, quelques livres, c'est-à-dire tout mon bonheur, tout mon bien-être, toute ma fortune, et m'en aller passer trois mois chaque année dans une Thébaïde poétique.

Mais j'aurais voulu emporter là mon cœur et ma pensée. Ces bergers, dont plusieurs étaient des espèces de vieux prêtres, étudiant leurs missels et chantant ensemble leurs vieux cantiques, avaient certainement à mes yeux, et dans la réalité peut-être, de la grandeur et de la poésie. Mais ils ne sentaient que vaguement les mystérieuses délices de leur existence, et les livres saints étaient pour eux, disaient-ils, un préservatif contre l'effroi et l'ennui de l'exil au désert. Pour moi, les pensées bibliques eussent été, au contraire, le complément de cette vie contemplative, et il me semblait que ma prière eût été là, non pas une tremblante supplication, mais un hymne perpétuel.

Ces pensées me sont bien présentes, car, outre que j'en retrouve la trace dans tous mes souvenirs, ce que j'en dis est le résumé des longues et naïves *tartines* de mon journal.

Nous voulûmes voir Bagnères-de-Bigorre avant de quitter les montagnes. En sortant des gorges et des crêtes médianes de la chaîne pyrénéenne, nous trouvâmes l'été brûlant des côtes et des larges vallées. La chaleur était insupportable à Bagnères, et la nature, belle encore, n'avait plus ce prestige de grandeur et d'étrangeté qui m'avait saisie. Et puis c'était une ville de plaisir, beaucoup d'Anglais, des demeures opulentes, des exhibitions de chevaux et d'attelages de luxe, des fêtes, des spectacles, du monde et du bruit. Ce n'était plus là mon fait. Nous n'y passâmes que peu de jours, bien que Maurice s'accommodât fort de ce beau soleil et de tous ces *dadas* splendidement équipés.

Avant de prendre le chemin de Nérac, et nous retardions le plus possible, à cause de la chaleur encore plus intense que nous devions y retrouver et dont je craignais que l'enfant ne souffrît en route, nous fîmes une excursion très-intéressante, mon mari et moi, avec un de ceux de nos amis de Cauterets que nous avions retrouvés à Bagnères. Cet ami avait ouï parler des *espéluques* ou *spélonques* de Lourdes. C'était une aventure pénible et qui tentait peu de voyageurs. Elle nous tenta. Nous fîmes la route à cheval, et après avoir déjeuné à Lourdes, nous prîmes un guide et le chemin des cavernes.

L'entrée n'en était pas attrayante. Il fallait ramper un à un, à plat ventre sous le rocher, et bien qu'il y eût la place nécessaire, cet ensevelissement d'un instant dans les ténèbres a quelque chose de terrifiant pour l'esprit.

Mais une promenade de plusieurs heures dans ce monde souterrain fut un enchantement véritable. Des galeries tantôt resserrées, étouffantes, tantôt incommensurables à la clarté des torches, des torrents invisibles rugissant dans les profondes entrailles de la terre, des salles bizarrement superposées, des puits sans fond, c'est-à-dire des gouffres perdus dans des abîmes impénétrables et battant avec fureur leurs parois sonores de leurs eaux puissantes, des chauves-souris effarées, des portiques, des voûtes, des chemins croisés, toute une ville fantastique creusée et dressée par ce que l'on appelle bénignement le caprice de la nature, c'est-à-dire par les épouvantables convulsions de la formation géologique: c'était un beau voyage pour l'imagination, terrible pour le corps; mais nous n'y pensions pas. Nous voulions pénétrer partout, découvrir toujours. Nous étions un peu fous, et le guide menaçait de nous abandonner. Nous marchions sur des corniches au-dessus d'abîmes qui faisaient penser à l'enfer de Dante, et il y en eut un où nous voulûmes descendre. Ces messieurs s'y enfoncèrent résolûment en marchant à la manière des ramoneurs sur des anfractuosités, et je les y suivis, liée à une corde que l'on fit avec tous nos foulards noués au bout les uns des autres. Il fallut s'arrêter bientôt, tout manquait, les points de repère pour les pieds et les foulards pour le sauvetage.

Nous revînmes à cheval pendant la nuit, par une pluie fine et un clair de lune doucement voilé. Nous étions à Bagnères à deux heures du matin. J'étais plus excitée que lasse, et je ressentis, pendant mon sommeil, le phénomène de la peur rétrospective. Je n'avais songé, dans les spélonques, qu'à rire et à oser. Dans mes songes, la cité souterraine m'apparut avec toutes ses terreurs. Elle se brisait, elle s'entassait sur moi; j'étais suspendue à des cordes de mille pieds, qui rompaient tout à coup, et je me trouvais seule dans une autre ville plus enfouie encore, descendant toujours et se perdant par mille galeries et recoins piranésiques jusqu'au centre du globe. Je me réveillais baignée d'une sueur froide, et, en me rendormant, je partais pour d'autres voyages et d'autres visions encore plus fiévreuses.

Je n'ai gardé aucun souvenir du voyage de Bagnères à Nérac. Il en est ainsi de beaucoup de pays que j'ai traversés sous l'empire de quelque préoccupation intérieure; je ne les ai pas vus. Les Pyrénées m'avaient exaltée et enivrée comme un rêve qui devait me suivre et me charmer pendant des années. Je les emportais avec moi pour m'y promener en imagination le jour et la nuit, pour placer mon oasis fantastique dans ces tableaux enchanteurs et grandioses que j'avais traversés si vite, et qui restaient pourtant si complets et si nets dans mon souvenir, que je les voyais encore dans leurs moindres détails.

## CHAPITRE ONZIÈME

Guillery, le château de mon beau-père. — Les chasses au renard. — *Peyrounine* et *Tant-belle*. — Les Gascons, gens excellents et bien calomniés. — Les paysans, les bourgeois et les gentilshommes grands mangeurs, paresseux splendides, bons voisins et bons amis. — Voyage à la Brède. — Digressions sur les pressentiments. — Retour par Castel-Jaloux, la nuit, à cheval, au milieu des bois, avec escorte de loups. — Pigon mangé par les loups. — Ils viennent sous nos fenêtres. — Un loup mange la porte de ma chambre. — Mon beau-père attaqué par quatorze loups. — Les Espagnols pasteurs nomades et bandits dans les Landes. — La culture et la récolte du liége. — Beauté des hivers dans ces pays. — Mort de mon beau-père. — Portrait et caractère de sa veuve, la baronne Dudevant. — Malheur de sa situation. — Retour à Nohant. — Parallèle entre la Gascogne et le Berry. — Blois. — Le Mont-d'Or. — Ursule. — M. Duris-Dufresne, député de l'Indre. — Une chanson. — Grand scandale à la Châtre. — Rapide résumé de divers petits voyages et circonstances jusqu'en 1831.

Guillery, le *château* de mon beau-père, était une maisonnette de cinq croisées de front, ressemblant assez à une guinguette des environs de Paris, et meublée comme toutes les bastides méridionales, c'est-à-dire très-modestement. Néanmoins l'habitation en était agréable et assez commode. Le pays me sembla d'abord fort laid; mais je m'y habituai vite. Quand vint l'hiver, qui est la plus agréable saison de cette région de sables brûlants, les forêts de pins et de chênes-liéges prirent, sous les lichens, un aspect druidique, tandis que le sol, raffermi et rafraîchi par les pluies, se couvrit d'une végétation printanière qui devait disparaître à l'époque qui est le printemps au nord de la France. Les genêts épineux fleurirent, des mousses luxuriantes, semées de violettes, s'étendirent sous les taillis, les loups hurlèrent, les lièvres bondirent, Colette arriva de Nohant, et la chasse résonna dans les bois.

J'y pris grand goût. C'était la chasse sans luxe, sans vaniteuse exhibition d'équipages et de costumes, sans jargon scientifique, sans habits rouges, sans prétentions ni jalousies de *sport;* c'était la chasse comme je pouvais l'aimer, la chasse pour la chasse. Les amis et les voisins arrivaient la veille, on envoyait vite boucher le plus de terriers possible; on partait avec le jour, monté comme on pouvait, sur des chevaux dont on n'exigeait que de bonnes jambes et dont on ne raillait pourtant pas les chutes, inévitables quelquefois dans des chemins traversés de racines que le sable dérobe absolument à la vue et contre lesquelles toute prévoyance est superflue. On tombe sur le sable fin, on se relève, et tout est dit. Je ne tombai cependant jamais; fut-ce par bonne chance ou par la supériorité des instincts de Colette, je n'en sais rien.

On se mettait en chasse quelque temps qu'il fît. De bons paysans aisés des environs, fins braconniers, amenaient leur petite meute, bien modeste en apparence, mais bien plus exercée que celle des amateurs. Je me rappellerai toujours la gravité modeste de *Peyrounine* amenant ses trois *couples et demie* au rendez-vous, prenant tranquillement la piste, et disant de sa voix douce et claire, avec un imperceptible sourire de satisfaction : « *Aneim, ma tan belo!* » aneim, c'est *allons, courage;* c'est le *animo* des Italiens; *tan belo,* c'était *Tant-Belle,* la reine des bassets à jambes torses, la dépisteuse, l'obstinée, la sagace, l'infatigable par excellence, toujours la première à la découverte, toujours la dernière à la retraite.

Nous étions assez nombreux, mais les bois sont immenses et la promenade n'était plus, comme aux Pyrénées, une marche forcée sur une corniche qui ne permet pas de s'éparpiller. Je pouvais m'en aller seule à la découverte sans craindre de me perdre, en me tenant à portée de la petite fanfare que Peyrounine sifflait à ses chiens. De temps en temps, je l'entendais, sous bois, admirer, à part lui, les prouesses de sa chienne favorite et manifester discrètement son orgueil en murmurant : « *Oh! ma tant belle! oh! ma tant bonne!* »

Mon beau-père était enjoué et bienveillant; colère, mais tendre, sensible et juste. J'aurais volontiers passé ma vie auprès de cet aimable vieillard, et je suis certaine que nul orage domestique n'eût approché de nous; mais j'étais condamnée à perdre tous mes protecteurs naturels, et je ne devais pas conserver longtemps celui-là.

Les Gascons sont de très-excellentes gens, pas plus menteurs, pas plus vantards que les autres provinciaux, qui le sont tous un peu. Ils ont de l'esprit, peu d'instruction, beaucoup de paresse, de la bonté, de la libéralité, du cœur et du courage. Les bourgeois, à l'époque que je raconte, étaient, pour l'éducation et la culture de l'esprit, très au-dessous de ceux de ma province; mais ils avaient une gaieté plus vraie, le caractère plus liant, l'âme plus ouverte à la sympathie. Les caquets de village étaient là tout aussi nombreux, mais infiniment moins méchants que chez nous, et s'il m'en souvient bien, ils ne l'étaient même pas du tout.

Les paysans, que je ne pus fréquenter beaucoup, car ce fut seulement vers la fin de mon séjour que je commençai à entendre un peu leur idiome, me parurent plus heureux et plus indépendants que ceux de chez nous. Tous ceux qui entouraient, à quelque distance, la demeure isolée de Guillery étaient fort aisés, et je n'en ai jamais vu aucun venir demander des secours. Loin de là, ils semblaient traiter d'égal à égal avec *mousu le varon*, et quoique très-polis et même cérémonieux, ils avaient presque l'air de s'entendre pour lui accorder une sorte de protection, comme à un voisin honorable qu'ils étaient jaloux de récompenser. On le comblait de présents, et il vivait tout l'hiver des volailles et du gibier vivants qu'on lui apportait en étrennes. Il est vrai que c'était un échange de réfection pantagruélesque. Ce pays est celui de la déesse Manducée. Les jambons, les poulardes farcies, les oies grasses, les canards obèses, les truffes, les gâteaux de millet et de maïs y pleuvent comme dans cette île où Panurge se trouvait si bien ; et la maisonnette de Guillery, si pauvre de bien-être apparent, était, sous le rapport de la cuisine, une abbaye de Thélème d'où nul ne sortait, qu'il fût noble ou vilain, sans s'apercevoir d'une notable augmentation de poids dans sa personne.

Ce régime ne m'allait pas du tout. La sauce à la graisse était pour moi une espèce d'empoisonnement, et je m'abstenais souvent de manger, quoique ayant grand faim au retour de la chasse. Aussi je me portais fort mal et maigrissais à vue d'œil, au milieu des innombrables cages où les ortolans et les palombes étaient occupés à mourir d'indigestion.

A l'automne, nous avions fait une course à Bordeaux, mon mari et moi, et nous avions poussé jusqu'à la Brède, où la famille de Zoé avait une maison de campagne. J'eus là un très-violent chagrin, dont cette inappréciable amie me sauva par l'éloquence du courage et de l'amitié. L'influence que son intelligence vive et sa parole nette eurent sur moi en ce moment de désespérance absolue disposa de plusieurs années de ma vie et fit entrer ma conscience dans un équilibre vainement cherché jusqu'alors. Je revins à Guillery brisée de fatigue, mais calme, après avoir promené sous les grands chênes plantés par Montesquieu des pensées enthousiastes et des méditations riantes où le souvenir du philosophe n'eut aucune part, je l'avoue.

Et pourtant j'aurais pu faire ce jeu de mots que l'*Esprit des lois* était entré d'une certaine façon et à certains égards dans ma nouvelle manière d'accepter la vie.

Nous avions descendu la Garonne pour aller à Bordeaux; la remonter pour retourner à Nérac eût été trop long, et je ne m'absentais pas trois jours sans être malade d'inquiétude sur le compte de Maurice. Le mot de sœur Hélène au couvent et un mot d'Aimée à Cauterets m'avaient mis martel en tête, au point que je me faisais et me fis longtemps de l'amour maternel un véritable supplice. Je me laissais surprendre par des terreurs imbéciles et de prétendus pressentiments. Je me souviens qu'un soir, ayant dîné chez des amis à la Châtre, il me passa par l'imagination que Nohant brûlait et que je voyais Maurice au milieu des flammes. J'avais honte de ma sottise et ne disais rien. Mais je demande mon cheval, je pars à la hâte, et j'arrive au triple galop, si convaincue de mon rêve, qu'en voyant la maison debout et tranquille, je ne pouvais en croire mes yeux.

Je revins donc de Bordeaux par terre, afin d'arriver plus vite. A cette époque, les routes manquaient ou étaient mal servies. Nous arrivâmes à Castel-Jaloux à minuit, et, au sortir d'une affreuse patache, je fus fort aise de trouver mon domestique qui avait amené nos chevaux à notre rencontre. Il ne nous restait que quatre lieues à faire, mais des lieues de pays sur un chemin détestable, par une nuit noire et à travers une forêt de pins immense, absolument inhabitée, un véritable coupe-gorge où rôdaient des bandes d'Espagnols, désagréables à rencontrer même en plein jour. Nous n'aperçûmes pourtant pas d'autres êtres vivants que des loups. Comme nous allions forcément au pas dans les ténèbres, ces messieurs nous suivaient tranquillement. Mon mari s'en aperçut à l'inquiétude de son cheval, et il me dit de passer devant et de bien tenir Colette pour qu'elle ne s'effrayât pas. Je vis alors briller deux yeux à ma droite, puis je les vis passer à gauche. « Combien y en a-t-il? demandai-je. — Je crois qu'il n'y en a que deux, me répondit mon mari ; mais il en peut venir d'autres ; ne vous endormez pas. C'est tout ce qu'il y a à faire. »

J'étais si lasse, que l'avertissement n'était pas de trop. Je me tins en garde, et nous gagnâmes la maison, à quatre heures du matin, sans accident.

On était très-habitué alors à ces rencontres dans les forêts de pins et de liéges. Il ne se passait pas de jour que l'on n'entendit les bergers crier pour s'avertir, d'un taillis à l'autre, de la présence de l'ennemi. Ces bergers, moins poétiques que ceux des Pyrénées, avaient cependant assez de caractère, avec leurs manteaux tailladés et leurs fusils en guise de houlette. Leurs maigres chiens noirs étaient moins imposants, mais aussi hardis que ceux de la montagne.

Pendant quelque temps il y eut bonne défense aussi à Guillery. Pigon était un métis plaine et montagne, non-seulement courageux, mais héroïque à l'endroit des loups. Il s'en allait, la nuit, tout seul, les provoquer dans les bois, et il revenait, le matin, avec des lambeaux de leur chair et de leur peau attachés à son redoutable collier hérissé de pointes de fer. Mais un soir, hélas! on oublia de lui remettre son armure de guerre ; l'intrépide animal partit pour sa chasse nocturne et ne revint pas.

L'hiver fut un peu plus rude que de coutume en ce pays. La Garonne déborda et, par contre, ses affluents. Nous fûmes bloqués pendant quelques jours; les loups affamés devinrent très-hardis : ils mangèrent tous nos jeunes chiens. La maison était bâtie en pleine campagne, sans cour ni clôture d'aucune sorte. Ces bêtes sauvages venaient donc hurler sous nos fenêtres, et il y en eut une qui s'amusa, pendant une nuit, à ronger la porte de notre appartement, situé au niveau du sol. Je l'entendais fort bien. Je lisais dans une chambre, mon mari dormait dans l'autre. J'ouvris la porte vitrée et appelai Pigon, pensant que c'était lui qui revenait et voulait entrer. J'allais ouvrir le volet quand mon mari s'éveilla et me cria : « Eh non, non, c'est le loup ! » Telle est la tranquillité de l'habitude, que mon mari se rendormit sur l'autre oreille et que je repris mon livre, tandis que le loup continuait à manger la porte. Il ne put l'entamer beaucoup, elle était solide; mais il la mâchura de manière à y laisser ses traces. Je ne crois pas qu'il eût de mauvais desseins. Peut-être était-ce un jeune sujet qui voulait faire ses dents sur le premier objet venu, à la manière des jeunes chiens.

Un jour que, vers le coucher du soleil, mon beau-père allait voir un de ses amis à une demi-lieue de la maison, il rencontra à mi-chemin un loup, puis deux, puis trois, et en un instant il en compta quatorze. Il n'y fit pas grande attention : les loups n'attaquent guère, ils suivent : ils attendent que le cheval s'effraye, qu'il renverse son cavalier, ou qu'il bronche et tombe avec lui. Alors il faut se relever vite; autrement ils vous étranglent. Mon beau-père, ayant un cheval habitué à ces rencontres, continua assez tranquillement sa route; mais lorsqu'il s'arrêta à la grille de son voisin pour sonner, un de ses quatorze acolytes sauta au flanc de son cheval et mordit le bord de son manteau. Il n'avait pour défense qu'une cravache, dont il s'escrima sans effrayer l'ennemi ; alors il imagina de sauter à terre et de secouer violemment son manteau au nez des assaillants, qui s'enfuirent à toutes jambes. Cependant il avouait avoir trouvé la grille bien lente à s'ouvrir et l'avoir vue enfin ouverte avec une grande satisfaction.

Cette aventure du vieux colonel était déjà ancienne. A l'époque de mon récit il était si goutteux, qu'il fallait deux hommes pour le mettre sur son cheval et l'en faire descendre. Pourtant, lorsqu'il était sur son petit bidet brun miroité, à crinière blonde, malgré sa grosse houppelande, ses longues guêtres en drap olive et ses cheveux blancs flottant au vent, il avait encore une tournure martiale et maniait tout doucement sa monture mieux qu'aucun de nous.

J'ai parlé des bandes d'Espagnols qui couraient le pays. C'étaient des Catalans principalement, habitants nomades du revers des Pyrénées. Les uns venaient chercher de l'ouvrage comme journaliers et inspiraient assez de confiance malgré leur mauvaise mine ; les autres arrivaient par groupes avec des troupeaux de chèvres qu'ils faisaient pâturer dans les vastes espaces incultes des landes environnantes ; mais ils s'aventuraient souvent sur la lisière des bois, où leurs bêtes étaient fort nuisibles. Les pourparlers étaient désagréables. Ils se retiraient sans rien dire, prenaient leur distance, et, maniant la fronde ou lançant le bâton avec une grande adresse, ils vous donnaient avis de ne pas trop les déranger à l'avenir. On les craignait beaucoup, et j'ignore si on est parvenu à se débarrasser de leur parcours. Mais je sais que cet abus persistait encore il y a quelques années, et que des propriétaires avaient été blessés et même tués dans ces combats.

C'était pourtant la même race d'hommes que ces montagnards austères dont j'avais envié aux Pyrénées le poétique destin. Ils étaient fort dévots, et qui sait s'ils ne croyaient pas consacrer comme un droit religieux l'occupation de nos landes par leurs troupeaux ? Peut-être regardaient-ils cette terre immense et quasi déserte comme un pays vierge que Dieu leur avait livré, et qu'ils devaient défendre en son nom contre les envahissements de la propriété individuelle.

C'était donc un pays de loups et de brigands que Guillery, et pourtant nous y étions tranquilles et joyeux. On s'y voyait beaucoup. Les grands et petits propriétaires d'alentour n'ayant absolument rien à faire, et cultivant, en outre, le goût de ne rien faire, leur vie se passait en promenades, en chasses, en réunions et en repas les uns chez les autres.

Le liége est un produit magnifiquement lucratif de ces contrées. C'est le seul coin de la France où il pousse abondamment ; et, comme il reste fort supérieur en qualité à celui de l'Espagne, il se vend fort cher. J'étais étonnée quand mon beau-père, me montrant un petit tas d'écorces d'arbres empilées sous un petit hangar, me disait : « Voici la récolte de l'année, quatre cents francs de dépense et vingt-cinq mille francs de profit net. »

Le chêne-liége est un gros vilain arbre en été. Son feuillage est rude et terne ; son ombre épaisse étouffe toute végétation autour de lui, et le soin qu'on prend de lui enlever son écorce, qui est le liége même, jusqu'à la naissance des maîtresses branches, le laisse dépouillé et difforme. Les plus frais de ces écorchés sont d'un rouge sanglant, tandis que d'autres, brunis déjà par un commencement de nouvelle peau, sont d'un noir brûlé ou enfumé, comme si un incendie avait passé et pris ces géants jusqu'à la ceinture. Mais, l'hiver, cette verdure éternelle a son prix. La seule chose dont j'eusse vraiment peur dans ces bois, c'était des troupeaux innombrables de cochons tachetés de noir, qui erraient, en criant d'un ton aigre et sauvage à la dispute de la glandée.

Le *surier* ou chêne-liége n'exige aucun soin. On ne le taille ni le dirige. Il se fait sa place, et vit enchanté d'un sable aride en apparence. A vingt ou trente ans, il commence à être bon à écorcher. A mesure qu'il prend de l'âge, sa peau devient meilleure et se renouvelle plus vite, car dès lors tous les dix ans on procède à sa toilette en lui faisant deux grandes incisions verticales en temps utile. Puis, quand il a pris soin lui-même d'aider, par un travail naturel préalable, au travail de l'ouvrier, celui-ci lui glisse un petit outil *ad hoc* entre cuir et chair, et s'empare aisément du liége, qui vient en deux grands morceaux proprement coupés. Je ne sais pourquoi cette opération me répugnait comme une chose cruelle. Pourtant ces arbres étranges ne paraissaient pas en souffrir le moins du monde et grandissaient deux fois centenaires sous le régime de cette décortication périodique [1].

Les *pignades* (bois de pins) de futaie n'étaient

---

[1] Le grand débit du liége ne consiste pas dans les bouchons, auxquels on ne sacrifie que les rognures et le rebut ; il s'expédie en planches d'écorce que l'on décourbe et aplatit, et dont on tapisse tous les appartements riches en Russie, entre la muraille et la tenture. C'est donc une denrée d'une cherté excessive, puisqu'elle croit sur un rayon de peu d'étendue.

guère plus gaies que les *surettes* (bois de liéges). Ces troncs lisses et tous semblables, comme des colonnes élancées, surmontés d'une grosse tête ronde d'une fraîcheur monotone, cette ombre impénétrable, ces blessures d'où pleurait la résine, c'était à donner le spleen quand on avait à faire une longue route sans autre distraction que ce que mon beau-père appelait *compter les orangers lanusquets*. Mais, en revanche, les jeunes bois, coupés de petits chemins de sable bien sinueux et ondulés, les petits ruisseaux babillant sous les grandes fougères, les folles clairières tourbeuses qui s'ouvraient sur la lande immense, infinie, rase et bleue comme la mer ; les vieux manoirs pittoresques, géants d'un autre âge, qui semblaient grandir de toute la petitesse, particulière à ce pays, des modernes constructions environnantes ; enfin, la chaîne des Pyrénées, qui, malgré la distance de trente lieues à vol d'oiseau, tout à coup, en de certaines dispositions de l'atmosphère, se dressait à l'horizon comme une muraille d'argent rosée, dentelée de rubis ; c'était, en somme, une nature intéressante sous un climat délicieux.

A une demi-lieue nous allions voir, chaque semaine, la marquise de Lusignan, belle et aimable châtelaine du très-romantique et imposant manoir de Xaintrailles. Lahire était un peu plus loin. A Buzet, dans les splendides plaines de la Garonne, la famille de Beaumont nous attirait par des réunions nombreuses et des charades en action dans un château magnifique. De Logareil, à deux pas de chez nous, à travers bois, le bon Auguste Berthet venait chaque jour. D'ailleurs venaient Grammont, Trinqueléon et le bon petit médecin Larnaude. De Nérac venaient Lespinasse, d'Ast et tant d'autres que je me rappelle avec affection, tous gens aimables, pleins de bienveillance et de sympathie pour moi, hommes et femmes; bons enfants, actifs et jeunes, même les vieux, vivant en bonne intelligence, sans distinction de caste et sans querelles d'opinion. Je n'ai gardé de ce pays-là que des souvenirs doux et charmants.

J'espérais voir à Nérac ma chère Fannelly, devenue madame le Franc de Pompignan. Elle était à Toulouse ou à Paris, je ne sais plus. Je ne trouvai que sa sœur Aména, une charmante femme aussi, avec qui j'eus le plaisir de parler du couvent.

Nous allâmes achever l'hiver à Bordeaux, où nous retrouvâmes l'agréable société des eaux de Cauterets, et où je fis connaissance avec les oncles, tantes, cousins et cousines de mon mari, tous gens très-honorables et qui me témoignèrent de l'amitié.

Je voyais tous les jours ma chère Zoé, ses sœurs et ses frères. Un jour que j'étais chez elle sans Maurice, mon mari entra brusquement, très-pâle, en me disant : « *Il est mort !* » Je crus que c'était

Maurice ; je tombai sur mes genoux. Zoé, qui comprit et entendit ce qu'ajoutait mon mari, me cria vite : « *Non, non, votre beau-père !* » Les entrailles maternelles sont féroces : j'eus un violent mouvement de joie ; mais ce fut un éclair. J'aimais véritablement mon vieux papa, et je fondis en larmes.

Nous partîmes le jour même pour Guillery, et nous passâmes une quinzaine auprès de madame Dudevant. Nous la trouvâmes dans la chambre même où, en deux jours, son mari était mort d'une attaque de goutte dans l'estomac. Elle n'était pas encore sortie de cette chambre qu'elle avait habitée une vingtaine d'années avec lui, et où les deux lits restaient côte à côte. Je trouvai cela touchant et respectable. C'était de la douleur comme je la comprenais, sans effroi ni dégoût de la mort d'un être bien-aimé. J'embrassai madame Dudevant avec une véritable effusion, et je pleurai tant tout le jour auprès d'elle, que je ne songeai pas à m'étonner de ses yeux secs et de son air tranquille. Je pensais d'ailleurs que l'excès de la douleur retenait les larmes et qu'elle devait affreusement souffrir de n'en pouvoir répandre ; mais mon imagination faisait tous les frais de cette sensibilité refoulée. Madame Dudevant était une personne glacée autant que glaciale. Elle avait certainement aimé son excellent compagnon, et elle le regrettait autant qu'il lui était possible ; mais elle était de la nature des liéges, elle avait une écorce très-épaisse qui la garantissait du contact des choses extérieures; seulement cette écorce tenait bien et ne tombait jamais.

Ce n'est pas qu'elle ne fût aimable : elle était gracieuse à la surface, un grand savoir-vivre lui tenant lieu de grâce véritable. Mais elle n'aimait réellement personne, et ne s'intéressait à rien qu'à elle-même. Elle avait une jolie figure douce sur un corps plat, osseux, carré et large d'épaules. Cette figure donnait confiance, mais la face seule ne traduit pas l'organisation entière. En regardant ses mains sèches et dures, ses doigts noueux et ses grands pieds, on sentait une nature sans charme, sans nuances, sans élans ni retours de tendresse. Elle était maladive, et entretenait la maladie par un régime de petits soins dont le résultat était l'étiolement. Elle était vêtue en hiver de quatorze jupons qui ne réussissaient pas à arrondir sa personne. Elle prenait mille petites drogues, faisait à peine quelques pas autour de sa maison, quand elle rencontrait, un jour par mois, le temps désirable. Elle parlait peu et d'une voix si mourante, qu'on se penchait vers elle avec le respect instinctif qu'inspire la faiblesse. Mais dans son sourire banal il y avait quelque chose d'amer et de perfide, dont par moments j'étais frappée et que je ne m'expliquais pas. Ses compliments cachaient les petites aiguilles fines d'une intention épigrammatique. Si elle eût eu de l'esprit, elle eût été méchante.

Je ne crois pourtant pas qu'elle fût foncièrement mauvaise. Privée de santé et de courage, elle était aigrie intérieurement, et, à force de se tenir sur la défensive contre le froid et le chaud et de se défier de tous les agents extérieurs qui pouvaient apporter dans son état physique une perturbation quelconque, elle en était venue à étendre ces précautions et cette abstention aux choses morales, aux affections et aux idées. Elle n'en était que plus tendue et plus nerveuse, et, quand elle était surprise par la colère, on pouvait s'émerveiller de voir ce corps brisé retrouver une vigueur fébrile, et d'entendre cette voix languissante et cette parole doucereuse prendre un accent très-âpre et trouver des expressions très-énergiques.

Elle était, je crois, tout à fait impropre à gouverner ses affaires, et quand elle se vit à la tête de sa maison et de sa fortune, il se fit en elle une crise d'effroi et d'inquiétude égoïste qui la conduisit spontanément à l'avarice, à l'ingratitude et à une sorte de fausseté. Ennuyée de sa froide oisiveté, elle attira tour à tour auprès d'elle des amis, des parents, ceux de son mari et les siens. Elle exploita leurs dévouements successifs, ne put vivre avec aucun d'eux et s'amusa à les tromper tous en morcelant sa fortune entre plusieurs héritiers qu'elle connaissait à peine, et en frustrant d'une récompense méritée jusqu'à de vieux serviteurs qui lui avaient consacré trente ans de soins et de fidélité.

Elle était riche par elle-même, et n'ayant pas d'enfants, même adoptifs, il semble qu'elle eût dû abandonner à son beau-fils au moins une partie de l'héritage paternel. Il n'en fut rien. Elle s'était assuré de longue main, par testament, la jouissance de cette petite fortune, et même elle avait tenté d'en saisir la possession par la rédaction d'une clause qui se trouva, heureusement pour l'avenir de mon mari, contraire aux droits que la loi lui assurait.

Mon mari, connaissant d'avance les dispositions testamentaires de son père, ne fut pas surpris de ne voir aucun changement dans sa situation. Il resta très-soumis et aussi tendre qu'il lui fut possible auprès de sa belle-mère, espérant qu'elle lui ferait plus tard la part meilleure; mais ce fut en pure perte. Elle ne l'aima jamais, le chassa de son lit de mort et ne lui laissa que ce qu'elle n'avait pu lui ôter.

Cette pauvre femme m'a fait, à moi, sous d'autres rapports, tout le mal qu'elle a pu; mais je l'ai toujours plainte. Je ne connais pas d'existence qui mérite plus de pitié que celle d'une personne riche sans postérité, qui se sent entourée d'égards qu'elle peut croire intéressés, et qui voit dans tous ceux qui l'approchent des aspirants à ses largesses. Être égoïste par instinct avec cela, c'est trop, car c'est le complément d'une destinée stérile et amère.

Nous retournâmes à Bordeaux, puis encore à Guillery au mois de mai, et cette fois le pays ne me parut pas agréable. Ce sable fin devient si léger, quand il est sec, que le moindre pas le soulève en nuages ardents qu'on avale quoi qu'on fasse. Nous passâmes l'été à Nohant, et, de cette époque jusqu'à 1831, je ne fis plus que de très-courtes absences.

Ce fut donc une sorte d'établissement que je regardai comme définitif et qui décida de mon avenir conjugal. C'était, en apparence, le parti le plus sage à prendre que de vivre chez soi modestement et dans un milieu restreint, toujours le même. Pourtant il eût mieux valu poursuivre une vie nomade et des relations nombreuses. Nohant est une retraite austère par elle-même, élégante et riante d'aspect par rapport à Guillery, mais, en réalité, plus solitaire, et pour ainsi dire imprégnée de mélancolie. Qu'on s'y rassemble, qu'on la remplisse de rires et de bruit, le fond de l'âme n'en reste pas moins sérieux et même frappé d'une espèce de langueur qui tient au climat et au caractère des hommes et des choses environnantes. Le Berrichon est lourd. Quand, par exception, il a la tête vive et le sang chaud, il s'expatrie, irrité de ne pouvoir rien agiter autour de lui; ou, s'il est condamné à rester chez nous, il se jette dans le vin et la débauche, mais tristement, à la manière des Anglais, dont le sang a été mêlé plus qu'on ne croit à sa race. Quand un Gascon est gris, un Berrichon est déjà ivre, et quand l'autre est un peu ivre, limite qu'il ne dépassera guère, le Berrichon est complétement *soûl* et ira s'abêtissant jusqu'à ce qu'il tombe. Il faut bien dire ce vilain mot, le seul qui peigne l'effet de la boisson sur les gens d'ici. La mauvaise qualité du vin y est pour beaucoup; mais, dans l'intempérance avec laquelle on en use, il faut bien voir une fatalité de ce tempérament mélancolique et flegmatique, qui ne supporte pas l'excitation, et qui s'efforce de l'éteindre dans l'abrutissement.

En dehors des ivrognes, qui sont nombreux, et dont le désordre réduit les familles à la misère ou au désespoir, la population est bonne et sage, mais froide et rarement aimable. On se voit peu. L'agriculture est peu avancée, pénible, patiente et absorbante pour le propriétaire. Le vivre est cher, relativement au Midi. L'hospitalité se fait donc rare, pour garder, à l'occasion, l'apparence du faste; et, par-dessus tout, il y a une paresse, un effroi de la locomotion qui tiennent à la longueur des hivers, à la difficulté des transports et encore plus à la torpeur des esprits.

Il y a vingt-cinq ans, cette manière d'être était encore plus tranchée; les routes étaient plus rares et les hommes plus casaniers. Ce beau pays, quoique assez habité et bien cultivé, était complétement morne, et mon mari était comme surpris et effrayé du silence solennel qui plane sur nos champs dès que le soleil emporte avec lui les bruits déjà rares et contenus du travail. Là, point de loups qui hurlent, mais aussi plus de chants et de rires; plus de cris de bergers et de clameurs de chasse. Tout est paisible, mais tout est muet. Tout repose, mais tout semble mort.

J'ai toujours aimé ce pays, cette nature et ce silence. Je n'en chéris pas seulement le charme, j'en subis le poids, et il m'en coûte de le secouer, quand même j'en vois le danger. Mais mon mari n'était pas né pour l'étude et la méditation. Quoique Gascon, il n'était pas non plus naturellement enjoué. Sa mère était Espagnole, son père descendait de l'Écossais Law. La réflexion ne l'attristait pas, comme moi. Elle l'irritait. Il se fût soutenu dans le Midi, le Berry l'accabla. Il le détesta longtemps; mais quand il en eut goûté les distractions et contracté les habitudes, il s'y cramponna comme à une seconde patrie.

Je compris bientôt que je devais m'efforcer d'étendre mes relations, que la vieillesse et la maladie de ma grand'mère avaient beaucoup restreintes et que mes années d'absence avaient encore refroidies. Je retrouvai mes compagnons d'enfance, qui, en général, ne plurent pas à M. Dudevant. Il se fit d'autres amis. J'acceptai franchement ceux qui me furent sympathiques sur quelque point, et j'attirai de plus loin ceux qui devaient convenir à lui comme à moi.

Le bon James et son excellente femme, ma chère mère Angèle, vinrent passer deux ou trois mois avec nous. Puis leur sœur, madame Saint-Aignan, avec ses filles. L'aînée, Félicie, était un ange.

Les Malus vinrent aussi. Le plus jeune, Adolphe, un cœur d'or, ayant été malade chez nous, nous lui fîmes la conduite jusqu'à Blois, avec mon frère, et nous vîmes le vieux château, alors converti en caserne et en poudrière, et abandonné aux dégradations des soldats, dont le bruit et le mouvement n'empêchaient pas certains corps de logis d'être occupés par des myriades d'oiseaux de proie. Dans le bâtiment de Gaston d'Orléans, le guano des hiboux et des chouettes était si épais, qu'il était impossible d'y pénétrer.

Je n'avais jamais vu une aussi belle chose de la renaissance que ce vaste monument, tout abandonné et dévasté qu'il était. Je l'ai revu restauré, lambrissé, admirablement rajeuni et pour ainsi dire retrouvé sous les outrages du temps et de l'incurie : mais ce que je n'ai pas retrouvé, moi, c'est l'impression étrange et profonde que je subis la première fois, lorsqu'au lever du soleil je cueillis des violiers jaunes dans les crevasses des pierres fatidiques de l'observatoire de Catherine de Médicis.

En 1827, nous passâmes une quinzaine aux eaux du Mont-d'Or. J'avais fait une chute, et je souffris longtemps d'une entorse. Maurice vint avec nous. Il se faisait gamin et commençait à regarder la nature avec ses grands yeux attentifs, tout au beau milieu de son vacarme.

L'Auvergne me sembla un pays adorable. Moins vaste et moins sublime que les Pyrénées, il en avait la fraîcheur, les belles eaux et les recoins charmants. Les bois de sapins sont même plus agréables que les épicéas des grandes montagnes. Les cascades, moins terribles, ont de plus douces harmonies, et le sol, moins tourmenté par les orages et les éboulements, se couvre partout de fleurs luxuriantes.

Ursule était venue vivre chez moi en qualité de femme de charge. Cela ne put durer. Il y eut incompatibilité d'humeur entre elle et mon mari. Elle m'en voulut un peu de ne pas m'être prononcée pour elle. Elle me quitta presque fâchée, et puis, tout aussitôt, elle comprit que je n'avais pas dû agir autrement et me rendit son amitié, qui ne s'est jamais démentie depuis. Elle se maria à la Châtre avec un excellent homme qui l'a rendue heureuse, et elle est maintenant le seul être avec qui je puisse, sans lacune notable, repasser toute ma vie, depuis la première enfance jusqu'au demi-siècle accompli.

Les élections de 1827 signalèrent un mouvement d'opposition très-marqué et très-général en France. La haine du ministère Villèle produisit une fusion définitive entre les libéraux et les bonapartistes, qu'ils fussent noblesse ou bourgeoisie. Le peuple resta étranger au débat dans notre province. Les fonctionnaires seuls luttaient pour le ministère ; pas tous, cependant. Mon cousin Auguste de Villeneuve vint du Blanc voter à la Châtre, et quoique fonctionnaire éminent (il était toujours trésorier de la ville de Paris), il se trouva d'accord avec mon mari et ses amis pour nommer M. Duris-Dufresne. Il passa quelques jours chez nous et me témoigna, ainsi qu'à Maurice, qu'il appelait son grand-oncle, beaucoup d'affection. J'oubliai qu'il m'avait fort blessée autrefois, en voyant qu'il ne s'en doutait pas et me traitait paternellement.

M. Duris-Dufresne, beau-frère du général Bertrand, était un républicain de vieille roche. C'était un homme d'une droiture antique, d'une grande simplicité de cœur, d'un esprit aimable et bienveillant. J'aimais ce type d'un autre temps, encore empreint de l'élégance du Directoire, avec des idées et des mœurs plus laconiennes. Sa petite perruque rase et ses boucles d'oreilles donnaient de l'originalité à sa physionomie vive et fine. Ses manières avaient une distinction extrême. C'était un *jacobin* fort sociable.

Mon mari, s'occupant beaucoup d'opposition à cette époque, était presque toujours à la ville. Il désira s'y créer un centre de réunions et y louer une maison où nous donnâmes des bals et des soirées qui continuèrent même après la nomination de M. Duris-Dufresne.

Mais nos réceptions donnèrent lieu à un scandale fort comique. Il y avait alors, et il y a encore un peu à la Châtre, deux ou trois *sociétés* qui, de mémoire d'homme, ne s'étaient mêlées à la danse. Les distinctions entre la première, la seconde et la troisième étaient fort arbitraires, et la délimitation insaisissable pour qui n'avait pas étudié à fond la matière.

Bien qu'en *guerre* d'opinions avec la sous-préfecture, j'étais fort liée avec M. et madame de Périgny, couple aimable et jeune, avec qui j'avais les meilleures relations de voisinage. Eux aussi voulurent ouvrir leur salon ; leur position leur en faisait une sorte de devoir, et nous convînmes de simplifier le détail des invitations en nous servant de la même liste.

Je leur communiquai la mienne, qui était fort générale, et où naturellement j'avais inscrit toutes les personnes que je connaissais tant soit peu. Mais, ô abomination ! il se trouva que plusieurs des familles que j'aimais et estimais à plus juste titre étaient reléguées au second et au troisième rang dans les us et coutumes de l'aristocratie bourgeoise de la Châtre. Aussi, quand ces hauts personnages se virent en présence de leurs *inférieurs*, il y eut colère, indignation, malédiction sur l'arrogant sous-préfet, qui n'avait agi ainsi, disait-on, que pour marquer son mépris à tous les gens du pays, en les mettant *comme des œufs dans le même panier.*

> La semaine suivante
> Le punch est préparé;
> La maîtresse est brillante,
> Le salon est ciré.
> Il vint trois invités, de chétive encolure :
> Dans la ville on disait : Bravo !
> On donne un bal incognito
> A la sous-préfecture.

Ce couplet d'une chanson que je fis le soir même avec Duteil contient en peu de mots le récit véridique de l'immense événement. En la relisant, je vois que, sans être bien drôle, cette chanson est affaire de mœurs locales et qu'elle mérite de rester dans les archives de la tradition... à la Châtre ! Elle est intitulée *Soirée administrative*, ou *le Sous-préfet philosophe*. Voici les deux premiers couplets, qui résument l'affaire. C'est sur l'air des *Bourgeois de Chartres :*

Habitants de la Châtre,
Nobles, bourgeois, vilains,
D'un petit gentillâtre
Apprenez les dédains :
Ce jeune homme, égaré par la philosophie,
Oubliant, dans sa déraison,
Les usages et le bon ton,
Vexe la bourgeoisie.

Voyant que dans la ville
Plus d'un original
Tranche de l'homme habile
Et se dit libéral,
A nos tendres moitiés qui frondent la noblesse
Il crut plaire en donnant un bal,
Où chacun put d'un pas égal
Aller comme à la messe.

On a vu le dénoûment. La chanson faillit le pousser jusqu'au tragique. Elle avait été faite au coin du feu de Périgny, et devait rester entre nous ; mais Duteil ne put se tenir de la chanter. On la retint, on la copia ; elle passa dans toutes les mains et souleva des tempêtes. Au moment où je l'avais complétement oubliée, je vis des yeux féroces et j'entendis des cris de rage autour de moi. Cela eut le bon résultat de détourner la foudre de la tête de mes amis Périgny et de l'attirer sur la mienne. Les plus gros bonnets de l'endroit firent serment de ne point m'honorer de leur présence ; Périgny, piqué de tant de sottise, ferma son salon. Je laissai le mien ouvert et augmentai mes invitations à la seconde société. C'était la meilleure leçon à donner à la première, car, n'étant pas fonctionnaire, j'avais le droit de me passer d'elle. Mais sa rancune ne tint pas contre deux ou trois soupers. D'ailleurs, dans cette *première*, j'avais d'excellents amis qui se moquaient de la conspiration et qui trahissaient ouvertement la *bonne cause*. Mon salon fut donc si rempli qu'on s'y étouffait, et la confusion y fut telle, que les dames de la première et de la seconde race se laissèrent entraîner à se toucher le bout des doigts pour faire la figure de contredanse qu'on appelle le *moulinet*. Quelques orthodoxes dirent que c'était une *cohue*. Je m'amusai à les remercier très-humblement de l'honneur qu'ils me faisaient de venir chez moi, bien que je fusse de la troisième société. On cria anathème, mais on n'en mangea pas moins les pâtés, et on n'en fêta pas moins le champagne de l'insurrection. Ce fut le signal d'une grande décadence dans les constitutions hiérarchiques de cette petite oligarchie.

Au mois de septembre 1828, ma fille Solange vint au monde à Nohant. Le médecin arriva quand je dormais déjà et que la pouponne était habillée et parée de ses rubans roses. J'avais beaucoup désiré avoir une fille, et cependant je n'éprouvai pas la joie que Maurice m'avait donnée. Je craignais que ma fille ne vécût pas, parce que j'étais accouchée avant terme, à la suite d'une frayeur. Ma petite nièce Léontine, ayant fait un mauvais rêve la veille au soir, s'était mise à jeter des cris si aigus dans l'escalier, où elle s'était élancée pour appeler sa mère, que je m'imaginai qu'elle avait roulé les marches et qu'elle était brisée. Je commençai aussitôt à sentir des douleurs, et en m'éveillant le lendemain, je n'eus que le temps de préparer les petits bonnets et les petites brassières, qu'heureusement j'avais terminés.

Je me souviens de l'étonnement d'un de nos amis de Bordeaux qui était venu nous voir, quand il me trouva, de grand matin, seule au salon, dépliant et arrangeant la layette, qui était encore en partie dans ma boîte à ouvrage. « Que faites-vous donc là? me dit-il. — Ma foi, vous le voyez, lui répondis-je, je me dépêche pour quelqu'un qui arrive plus tôt que je ne pensais. »

Mon frère, qui avait vu ma frayeur de la veille à propos de sa fille, et qui m'aimait véritablement quand il avait sa tête, courut ventre à terre pour amener le médecin. Tout était fini quand il revint, et il eut une si grande joie de voir l'enfant vivant, qu'il était comme fou. Il vint m'embrasser et me rassurer en me disant que ma fille était belle, forte, et qu'elle vivrait. Mais je ne me tranquillisai intérieurement qu'au bout de quelques jours, en la voyant venir à merveille.

Au retour de ce temps de galop, mon frère était affamé. On se mit à table, et deux heures après il rentra chez moi tellement ivre que, croyant s'asseoir sur le pied de mon lit, il tomba sur son derrière au milieu de la chambre. J'avais encore les nerfs très-excités ; j'eus un tel fou rire, qu'il s'en aperçut et fit de grands efforts pour retrouver ses idées. « Eh bien, je suis gris, me dit-il, voilà tout. Que veux-tu ? j'ai été très-ému, très-inquiet, ce matin ; ensuite j'ai été très-content, très-heureux, et c'est la joie qui m'a grisé ; ce n'est pas le vin, je te jure, c'est l'amitié que j'ai pour toi qui m'empêche de me tenir sur mes jambes. » Il fallait bien pardonner en vue d'un si beau raisonnement.

Je passai l'hiver suivant à Nohant. Au printemps de 1829, j'allai à Bordeaux avec mon mari et mes deux enfants. Solange était sevrée, et elle était devenue la plus robuste des deux.

A l'automne, j'allai passer à Périgueux quelques jours auprès de Félicie Mollier, une de mes amies du Berry. Je poussai jusqu'à Bordeaux pour embrasser Zoé. Le froid me prit en route, et j'en souffris beaucoup au retour.

Enfin, en 1830, je fis avec Maurice, au mois de mai, je crois, une nouvelle course rapide de Nohant à Paris. J'oublie ou je confonds les époques de trois ou quatre autres apparitions de quelques jours à Paris, avec ou sans mon mari. L'une eut pour but une consultation sur ma santé, qui s'était beaucoup altérée. Broussais me dit que j'avais un anévrisme au cœur; Landré-Beauvais, que j'étais phthisique; Rostan, que je n'avais rien du tout.

Malgré ces courts déplacements annuels, je peux dire que, de 1826 à 1831, j'avais constamment vécu à Nohant. Jusque-là, malgré des ennuis et des chagrins sérieux, je m'y étais trouvée dans les meilleures conditions possibles pour ma santé morale. A partir de ce moment-là, l'équilibre entre les peines et les satisfactions se trouva rompu. Je sentis la nécessité de prendre un parti. Je le pris sans hésiter, et mon mari y donna les mains : j'allai vivre à Paris avec ma fille, moyennant un arrangement qui me permettait de revenir tous les trois mois passer trois mois à Nohant; et jusqu'à l'époque où Maurice entra au collége à Paris, je suivis très-exactement le plan que je m'étais tracé. Je le laissais entre les mains d'un précepteur qui était avec nous déjà depuis deux ans, et qui a toujours été, depuis ce temps-là, un de mes amis les plus sûrs et les plus parfaits. Ce n'était pas seulement un instituteur pour mon fils, c'était un compagnon, un frère aîné, presque une mère. Pourtant il m'était impossible de me séparer de Maurice pour longtemps et de ne pas veiller sur lui la moitié de l'année.

J'ai dû esquisser rapidement ces jours de retraite

et d'apparente inaction. Ce n'est pas qu'ils ne soient remplis pour moi de souvenirs; mais l'action de ma volonté y fut tellement intérieure et ma personnalité s'y effaça si bien, que je n'aurais à raconter que l'histoire des autres autour de moi; et c'est un droit que je ne crois avoir que dans de certaines limites, surtout à l'égard de certaines personnes.

Pour ne pas revenir en arrière, et pour résumer cependant le résultat de ces années écoulées sur l'histoire de ma propre vie, je dirai ce que j'étais lorsque, dans l'hiver de 1831, je vins à Paris avec l'intention d'écrire.

## CHAPITRE DOUZIÈME

Coup d'œil rétrospectif sur quelques années esquissées dans le précédent chapitre. — Intérieur troublé. — Rêves évanouis. — Ma religion. — Question de la liberté des cultes n'impliquant pas la liberté de s'abstenir de culte extérieur. — Mort douce d'une idée fixe. — Mort d'un *cricri*. — Projets d'un avenir à ma guise, vagues, mais persistants. — Pourquoi ces projets. — La gestion d'une année de revenu. — Ma démission. — Sorte d'interdiction de fait. — Mon frère et sa passion fâcheuse. — Les vents salés, les figures salées. — Essai d'un petit métier. — Le musée de peinture. — Révélation de l'art, sans certitude d'aucune spécialité. — Inaptitude pour les sciences naturelles, malgré l'amour de la nature. — On m'accorde une pension et la liberté. — Je quitte Nohant pour trois mois.

J'avais énormément vécu dans ce peu d'années. Il me semblait même avoir vécu cent ans sous l'empire de la même idée, tant je me sentais lasse d'une gaieté sans expansion, d'un intérieur sans intimité, d'une solitude que le bruit et l'ivresse rendaient plus absolue autour de moi. Je n'avais pourtant à me plaindre sérieusement d'aucun mauvais procédé direct, et quand cela même eût été, je n'aurais pas consenti à m'en apercevoir. Le désordre de mon

## CHAPITRE DOUZIÈME.

pauvre frère et de ceux qui se laissaient entraîner avec lui n'en était pas venu à ce point que je ne me sentisse plus leur inspirer une sorte de crainte qui n'était pas de la condescendance, mais un respect instinctif. J'y avais mis, de mon côté, toute la tolérance possible. Tant que l'on se bornait à être radoteur, fatigant, bruyant, malade même et fort dégoûtant, je tâchais de rire, et je m'étais même habituée à supporter un ton de plaisanterie qui dans le principe m'avait révoltée. Mais quand les nerfs se mettaient de la partie, quand on devenait obscène et grossier, quand mon pauvre frère lui-même, si longtemps soumis et repentant devant mes remontrances, devenait brutal et méchant, je me faisais sourde, et, dès que je le pouvais, je rentrais, sans faire semblant de rien, dans ma petite chambre.

Là, je savais bien m'occuper et me distraire du vacarme extérieur, qui durait souvent jusqu'à six ou sept heures du matin. Je m'étais habituée à travailler, la nuit, auprès de ma grand'mère malade; maintenant j'avais d'autres malades, non à soigner, mais à entendre divaguer.

Mais la solitude morale était profonde, absolue; elle eût été mortelle à une âme tendre et à une jeunesse encore dans sa fleur, si elle ne se fût remplie d'un rêve qui avait pris l'importance d'une passion, non pas dans ma vie, puisque j'avais sacrifié ma vie au devoir, mais dans ma pensée. Un être absent, avec lequel je m'entretenais sans cesse, à qui je rapportais toutes mes réflexions, toutes mes rêveries, toutes mes humbles vertus, tout mon platonique enthousiasme, un être excellent en réalité, mais que je parais de toutes les perfections que ne comporte pas l'humaine nature, un homme enfin qui m'apparaissait quelques jours, quelques heures parfois, dans le courant d'une année, et qui, romanesque auprès de moi autant que moi-même, n'avait mis aucun effroi dans ma religion, aucun trouble dans ma conscience, ce fut là le soutien et la consolation de mon exil dans le monde de la réalité.

Ma religion, elle était restée la même, elle n'a jamais varié quant au fond. Les formes du passé se sont évanouies pour moi comme pour mon siècle à la lumière de l'étude et de la réflexion ; mais la doctrine éternelle des croyants, le Dieu bon, l'âme immortelle et les espérances de l'autre vie, voilà ce qui, en moi, a résisté à tout examen, à toute discussion et même à des intervalles de doute désespéré. Des cagots m'ont jugée autrement et m'ont déclarée sans principes, dès le commencement de ma carrière littéraire, parce que je me suis permis de regarder en face des institutions purement humaines dans lesquelles il leur plaisait de faire intervenir la Divinité. Des politiques m'ont décrétée aussi d'athéisme à l'endroit de leurs dogmes étroits

# CHAPITRE DOUZIÈME.

ou variables. Il n'y a pas de principes, selon les intolérants ou les hypocrites de toutes les croyances, là où il n'y a pas d'aveuglement ou de poltronnerie. Qu'importe?

Je n'écris pas pour me défendre de ceux qui ont un parti pris contre moi. J'écris pour ceux dont la sympathie naturelle, fondée sur une conformité d'instincts, m'ouvre le cœur et m'assure la confiance. C'est à ceux-là seulement que je peux faire quelque bien. Le mal que les autres peuvent me faire, à moi, je ne m'en suis jamais beaucoup aperçue.

Il n'est pas indispensable, d'ailleurs, au salut de l'humanité que j'aie trouvé ou perdu la vérité. D'autres la retrouveront, quelque égarée qu'elle soit dans le monde et dans le siècle. Tout ce que je peux et dois faire, moi, c'est de confesser ma foi simplement, dût-elle paraître insuffisante aux uns, excessive aux autres.

Entrer dans la discussion des formes religieuses est une question de culte extérieur dont cet ouvrage-ci n'est pas le cadre. Je n'ai donc pas à dire pourquoi et comment je m'en détachai jour par jour, comment j'essayai de les admettre encore pour satisfaire ma logique naturelle, et comment je les abandonnai franchement et définitivement, le jour où je crus reconnaître que la logique même m'ordonnait de m'en dégager. Là n'est pas le point religieux important de ma vie. Là je ne trouve ni angoisses ni incertitudes dans mes souvenirs. La vraie question religieuse, je l'avais prise de plus haut dès mes jeunes années. Dieu, son existence éternelle, sa perfection infinie, n'étaient guère révoqués en doute que dans des heures de spleen maladif, et l'exception de la vie intellectuelle ne doit pas compter dans un résumé de la vie entière de l'âme. Ce qui m'absorbait, à Nohant comme au couvent, c'était la recherche ardente ou mélancolique, mais assidue, des rapports qui peuvent, qui doivent exister entre l'âme individuelle et cette âme universelle que nous appelons Dieu. Comme je n'appartenais au monde ni de fait ni d'intention; comme ma nature contemplative se dérobait absolument à ses influences; comme, en un mot, je ne pouvais et ne voulais agir qu'en vertu d'une loi supérieure à la coutume et à l'opinion, il m'importait fort de chercher en Dieu le mot de l'énigme de ma vie, la notion de mes vrais devoirs, la sanction de mes sentiments les plus intimes.

Pour ceux qui ne voient dans la Divinité qu'une loi fatale, aveugle et sourde aux larmes et aux prières de la créature intelligente, ce perpétuel entretien de l'esprit avec un problème insoluble rentre probablement dans ce qu'on a appelé le mysticisme. Mystique? soit! Il n'y a pas une très-grande variété de types intellectuels dans l'espèce humaine, et j'appartenais apparemment à ce type-là. Il ne dépendait pas de moi de me conduire par la lumière de la raison pure, par les calculs de l'intérêt personnel, par la force de mon jugement ou par la soumission à celui des autres. Il me fallait trouver, non pas en dehors, mais au-dessus des conceptions passagères de l'humanité, au-dessus de moi-même, un idéal de force, de vérité, un type de perfection immuable à embrasser, à contempler, à consulter et à implorer sans cesse. Longtemps je fus gênée par les habitudes de prière que j'avais contractées, non quant à la lettre, on a vu que je n'avais jamais pu m'y astreindre, mais quant à l'esprit. Quand l'idée de Dieu se fut agrandie en même temps que mon âme s'était complétée, quand je crus comprendre ce que j'avais à dire à Dieu, de quoi le remercier, quoi lui demander, je retrouvai mes effusions, mes larmes, mon enthousiasme et ma confiance d'autrefois.

Alors j'enfermai en moi la croyance, comme un mystère, et, ne voulant pas la discuter, je la laissai discuter et railler aux autres sans écouter, sans entendre, sans être entamée ni troublée un seul instant. Je dirai comment cette foi sereine fut encore ébranlée plus tard; mais elle ne le fut que par ma propre fièvre, sans que l'action des autres y fût pour rien.

Je n'eus jamais le pédantisme de ma préoccupation; personne ne s'en douta jamais, et quand, peu d'années après, j'eus écrit *Lélia* et *Spiridion*, deux ouvrages qui résument pour moi beaucoup d'agitations morales, mes plus intimes amis se demandaient avec stupeur en quels jours, à quelles heures de ma vie, j'avais passé par ces âpres chemins entre les cimes de la foi et les abîmes de l'épouvante.

Voici quelques mots que m'écrivait le Malgache après *Lélia* : « Que diable est-ce là? Où avez-vous pris tout cela? Pourquoi avez-vous fait ce livre? D'où sort-il, où va-t-il? Je vous savais bien rêveuse, je vous *croyais croyante*, au fond; mais je ne me serais jamais douté que vous pussiez attacher tant d'importance à pénétrer les secrets de ce grand *peut-être*, et à retourner dans tous les sens cet immense point d'interrogation dont vous feriez mieux de ne pas vous soucier plus que moi.

» On se moque de moi ici parce que j'aime ce livre. J'ai peut-être tort de l'aimer, mais il s'est emparé de moi et m'empêche de dormir. Que le bon Dieu vous bénisse de me secouer et de m'agiter comme ça? mais qui donc est l'auteur de *Lélia*? Est-ce vous? Non. Ce type, c'est une fantaisie. Ça ne vous ressemble pas, à vous qui êtes gaie, qui dansez la bourrée, qui appréciez le lépidoptère, qui ne méprisez pas le calembour, qui ne cousez pas mal, et qui faites très-bien les confitures! Peut-être bien, après tout, que nous ne vous connaissions pas, et que vous nous cachiez sournoisement vos rêveries. Mais est-il possible que vous ayez pensé à tant de choses, retourné tant de questions et avalé tant de couleuvres psychologiques, sans que personne s'en soit jamais douté ? »

J'arrivais donc à Paris, c'est-à-dire au début d'une nouvelle phase de mon existence, avec des idées très-arrêtées sur les choses abstraites à mon usage, mais avec une grande indifférence et une complète ignorance des choses de la réalité. Je ne tenais pas à les savoir ; je n'avais de parti pris sur quoi que ce soit, dans cette société à laquelle je voulais de moins en moins appartenir. Je ne comptais pas la réformer : je ne m'intéressais pas assez à elle pour avoir cette ambition. C'était un tort, sans doute, que ce détachement et cette paresse ; mais c'était l'inévitable résultat d'une vie d'isolement et d'apathie.

Un dernier mot pourtant sur le catholicisme orthodoxe. En passant légèrement sur l'abandon du culte extérieur, je ne prétends pas faire aussi bon marché de la question de culte en général que j'ai peut-être eu l'air de le dire. Raconter et juger est un travail simultané peu facile, quand on ne veut pas s'arrêter trop souvent et lasser la patience du lecteur.

Disons donc ici très-vite que la nécessité des cultes n'est pas encore chose jugée pour moi, et que je vois aujourd'hui autant de bonnes raisons pour l'admettre que pour la rejeter. Cependant, si l'on reconnaît, avec toutes les écoles de la philosophie moderne, un principe de tolérance absolue à cet égard dans les gouvernements, je me trouve parfaitement dans mon droit de refuser de m'astreindre à des formules qui ne me satisfont pas et dont aucune ne peut remplacer ni même laisser libre l'élan de ma pensée et l'inspiration de ma prière. Dans ce cas, il faut reconnaître encore que, s'il est des esprits qui ont besoin, pour garder la foi, de s'assujettir à des pratiques extérieures, il en est aussi qui ont besoin, dans le même but, de s'isoler entièrement.

Pourtant il y a là une grave question morale pour le législateur.

L'homme sera-t-il meilleur en adorant Dieu à sa guise, ou en acceptant une règle établie? Je vois dans la prière ou dans l'action de grâces en commun, dans les honneurs rendus aux morts, dans la consécration de la naissance et des principaux actes de la vie, des choses admirables et saintes que ne remplacent pas les contrats et les actes purement civils. Je vois aussi l'esprit de ces institutions tellement perdu et dénaturé, qu'en bien des cas l'homme les observe de manière à en faire un sacrilége. Je ne puis prendre mon parti sur des pratiques admises par prudence, par calcul, c'est-à-dire par lâcheté ou par hypocrisie. La routine de l'habitude me paraît une profanation moindre, mais c'en est une encore, et quel sera le moyen d'empêcher que toute espèce de culte n'en soit pas souillée ?

Tout mon siècle a cherché et cherche encore. Je n'en sais pas plus long que mon siècle [1].

. . . . . . . . . . . . . . . . . . . . . . . . . .

Pourquoi cette solitude qui avait franchi les plus vives années de ma jeunesse ne me convenait-elle plus, voilà ce que je n'ai pas dit et ce que je peux très-bien dire.

[1] Il y a quelques années, j'aurais volontiers admis, en principe d'avenir, une religion d'État avec la liberté de discussion, et une loi de discipline dans cette même discussion. J'avoue que depuis j'ai varié dans cette croyance. Je n'ai pas admis intérieurement sans réserve la doctrine de liberté absolue; mais j'ai trouvé dans les travaux socialistes de M. Émile de Girardin une si forte démonstration du droit de liberté individuelle, que j'ai besoin de chercher encore comment la liberté morale échappera à ses propres excès si l'on accorde à l'homme, dès l'enfance, le droit d'incrédulité absolue. Quand je dis *chercher*, je me vante. Que trouve-t-on à soi tout seul? Le doute. J'aurais dû dire *attendre*. Les questions s'éclairent avec le temps par l'œuvre collective des esprits supérieurs, et cette œuvre-là est toujours collective en dépit des divergences apparentes. Il ne s'agit que d'avoir patience, et la lumière se fait. Ce qui la retarde beaucoup, c'est l'ardeur orgueilleuse que nous avons tous, en ce monde, de prendre parti pour une des formes de la vérité. Il est bon que nous ayons cette ardeur, mais il est bon aussi qu'à certaines heures nous ayons la bonne foi de dire : Je ne sais pas.

L'être absent, je pourrais presque dire l'*invisible*, dont j'avais fait le troisième terme de mon existence ( *Dieu, lui et moi* ), était fatigué de cette aspiration surhumaine à l'amour sublime. Généreux et tendre, il ne le disait pas, mais ses lettres devenaient plus rares, ses expressions plus vives ou plus froides, selon le sens que je voulais y attacher. Ses passions avaient besoin d'un autre aliment que l'amitié enthousiaste et la vie épistolaire. Il avait fait un serment qu'il m'avait tenu religieusement et sans lequel j'eusse rompu avec lui ; mais il ne m'avait pas fait de serment restrictif à l'égard des joies ou des plaisirs qu'il pouvait rencontrer ailleurs. Je sentis que je devenais pour lui une chaîne terrible, ou que je n'étais plus qu'un amusement d'esprit. Je penchai trop modestement vers cette dernière opinion, et j'ai su plus tard que je m'étais trompée. Je ne m'en suis que davantage applaudie d'avoir mis fin à la contrainte de son cœur et à l'empêchement de sa destinée. Je l'aimai longtemps encore dans le silence et l'abattement. Puis je pensai à lui avec calme, avec reconnaissance, et je n'y pense jamais qu'avec une amitié sérieuse et une estime fondée.

Il n'y eut ni explication ni reproche, dès que mon parti fut pris. De quoi me serais-je plainte ? Que pouvais-je exiger ? Pourquoi aurais-je tourmenté cette belle et bonne âme, gâté cette vie pleine d'avenir ? Il y a, d'ailleurs, un point de détachement où celui qui a fait le premier pas ne doit plus être interrogé et persécuté, sous peine d'être forcé de devenir cruel ou malheureux. Je ne voulais pas qu'il en fût ainsi. Il n'avait pas mérité de souffrir, *lui;* et moi, je ne voulais pas descendre dans son respect, en risquant de l'irriter. Je ne sais pas si j'ai raison de regarder la fierté comme un des premiers devoirs de la femme, mais il n'est pas en mon pouvoir de ne pas mépriser la passion qui s'acharne. Il me semble qu'il y a là un attentat contre le ciel, qui seul donne et reprend les vraies affections. On ne doit pas plus disputer la possession d'une âme que celle d'un esclave. On doit rendre à l'homme sa liberté, à l'âme son élan, à Dieu la flamme émanée de lui.

Quand ce divorce tranquille, mais sans retour, fut accompli, j'essayai de continuer l'existence que rien d'extérieur n'avait dérangée ni modifiée; mais cela fut impossible. Ma petite chambre ne voulait plus de moi.

J'habitais alors l'ancien boudoir de ma grand'mère, parce qu'il n'y avait qu'une porte et que ce n'était un passage pour personne, sous aucun prétexte que ce fût. Mes deux enfants occupaient la grande chambre attenante. Je les entendais respirer, et je pouvais veiller sans troubler leur sommeil. Ce boudoir était si petit, qu'avec mes livres, mes herbiers, mes papillons et mes cailloux (j'allais toujours m'amusant à l'histoire naturelle sans rien apprendre), il n'y avait pas de place pour un lit. J'y suppléais par un hamac. Je faisais mon bureau d'une armoire qui s'ouvrait en manière de secrétaire et qu'un *cricri*, que l'habitude de me voir avait apprivoisé, occupa longtemps avec moi. Il y vivait de mes pains à cacheter, que j'avais soin de choisir blancs, dans la crainte qu'il ne s'empoisonnât. Il venait manger sur mon papier pendant que j'écrivais, après quoi il allait chanter dans un certain tiroir de prédilection. Quelquefois il marchait sur mon écriture, et j'étais obligée de le chasser pour qu'il ne s'avisât pas de goûter à l'encre fraîche. Un soir, ne l'entendant plus remuer et ne le voyant pas venir, je le cherchai partout. Je ne trouvai de mon ami que les deux pattes de derrière entre la croisée et la boiserie. Il ne m'avait pas dit qu'il avait l'habitude de sortir, la servante l'avait écrasé en fermant la fenêtre.

J'ensevelis ses tristes restes dans une fleur de datura, que je gardai longtemps comme une relique; mais je ne saurais dire quelle impression me fit ce puéril incident, par sa coïncidence avec la fin de mes poétiques amours. J'essayai bien de faire là-dessus de la poésie, j'avais ouï dire que le bel esprit console de tout; mais, tout en écrivant *la Vie et la Mort d'un esprit familier*, ouvrage inédit et bien fait pour l'être toujours, je me surpris plus

## CHAPITRE DOUZIÈME.

d'une fois tout en larmes. Je songeais malgré moi que ce petit cri du grillon, qui est comme la voix même du foyer domestique, aurait pu chanter mon bonheur réel, qu'il avait bercé au moins les derniers épanchements d'une illusion douce, et qu'il venait de s'envoler pour toujours avec elle.

La mort du grillon marqua donc, comme d'une manière symbolique, la fin de mon séjour à Nohant. Je m'inspirai d'autres pensées, je changeai ma manière de vivre, je sortis, je me promenai beaucoup durant l'automne. J'ébauchai une espèce de roman qui n'a jamais vu le jour; puis, l'ayant lu, je me convainquis qu'il ne valait rien, mais que j'en pouvais faire de moins mauvais, et qu'en somme il ne l'était pas plus que beaucoup d'autres qui faisaient vivre tant bien que mal leurs auteurs. Je reconnus que j'écrivais vite, facilement, longtemps sans fatigue; que mes idées, engourdies dans mon cerveau, s'éveillaient et s'enchaînaient, par la déduction, au courant de la plume; que, dans ma vie de recueillement, j'avais beaucoup observé et assez bien compris les caractères que le hasard avait fait passer devant moi, et que, par conséquent, je connaissais assez la nature humaine pour la dépeindre; enfin, que, de tous les petits travaux dont j'étais capable, la littérature proprement dite était celui qui m'offrait le plus de chances de succès comme métier, et, tranchons le mot, comme gagne-pain.

Quelques personnes, avec qui je m'en expliquai au commencement, crièrent *fi!* La poésie pouvait-elle exister, disaient-elles, avec une semblable préoccupation? Était-ce donc pour trouver une profession matérielle que j'avais tant vécu dans l'idéal?

Moi, j'avais mon idée là-dessus depuis longtemps. Dès avant mon mariage j'avais senti que ma situation dans la vie, ma petite fortune, ma liberté de ne rien faire, mon prétendu droit de commander à un certain nombre d'êtres humains, paysans et domestiques, enfin mon rôle d'héritière et de châtelaine, malgré ses minces proportions et son imperceptible importance, était contraire à mon goût, à ma logique, à mes facultés. Que l'on se rappelle comment la pauvreté de ma mère, qui l'avait séparée de moi, avait agi sur ma petite cervelle et sur mon pauvre cœur d'enfant; comment j'avais, dans mon for intérieur, repoussé l'héritage, et projeté longtemps de fuir le bien-être pour le travail.

A ces idées romanesques succéda, dans les commencements de mon mariage, la volonté de complaire à mon mari et d'être la femme de ménage qu'il souhaitait que je fusse. Les soins domestiques ne m'ont jamais ennuyée, et je ne suis pas de ces esprits sublimes qui ne peuvent descendre de leurs nuages. Je vis beaucoup dans les nuages, certainement, et c'est une raison de plus pour que j'éprouve le besoin de me retrouver souvent sur la terre. Souvent, fatiguée et obsédée de mes propres agitations, j'aurais volontiers dit, comme Panurge sur la mer en fureur : « Heureux celui qui plante choux ! il a un pied sur la terre, et l'autre n'en est distant que d'un fer de bêche ! »

Mais ce fer de bêche, ce quelque chose entre la terre et mon second pied, voilà justement ce dont j'avais besoin et ce que je ne trouvais pas. J'aurais voulu une raison, un motif aussi simple que l'action de *planter choux*, mais aussi logique, pour m'expliquer à moi-même le but de mon activité. Je voyais bien qu'en me donnant beaucoup de soins pour économiser sur toutes choses, comme cela m'était recommandé, je n'arrivais qu'à me pénétrer de l'impossibilité d'être économe sans égoïsme en certains cas; plus j'approchais de la terre, en creusant le petit problème de lui faire rapporter le plus possible, et plus je voyais que la terre rapporte peu et que ceux qui ont peu ou point de terre à bêcher ne peuvent pas exister avec leurs deux bras. Le salaire était trop faible, le travail trop peu assuré, l'épuisement et la maladie trop inévitables. Mon mari n'était pas inhumain et ne m'arrêtait pas dans le détail de la dépense; mais quand, au bout du mois, il voyait mes comptes, il perdait la tête et me la faisait perdre aussi en me disant que mon revenu était de moitié trop faible pour ma libéralité, et qu'il n'y avait aucune possibilité de vivre à Nohant et avec Nohant sur ce pied-là. C'était la vérité ; mais je ne pouvais prendre sur moi de réduire au strict nécessaire l'aisance de ceux que je gouvernais et de refuser le nécessaire à ceux que je ne gouvernais pas. Je ne résistais à rien de ce qui m'était imposé ou conseillé, mais je ne savais pas m'y prendre. Je m'impatientais et j'étais débonnaire. On le savait, et on en abusait souvent.

Ma gestion ne dura qu'une année. On m'avait prescrit de ne pas dépasser dix mille francs ; j'en dépensai quatorze, de quoi j'étais penaude comme un enfant pris en faute. J'offris ma démission, et on l'accepta. Je rendis mon portefeuille et renonçai même à une pension de quinze cents francs qui m'était assurée par contrat de mariage pour ma toilette. Il ne m'en fallait pas tant, et j'aimais mieux être à la discrétion de mon gouvernement que de réclamer. Depuis cette époque jusqu'en 1831, je ne possédai pas une obole, je ne pris pas cent sous dans la bourse commune sans les demander à mon mari, et quand je le priai de payer mes dettes personnelles au bout de neuf ans de mariage, elles se montaient à cinq cents francs.

Je ne rapporte pas ces petites choses pour me plaindre d'avoir subi aucune contrainte ni souffert d'aucune avarice. Mon mari n'était pas avare, et il ne me refusait rien ; mais je n'avais pas de besoins, je ne désirais rien en dehors des dépenses courantes établies par lui dans la maison, et, contente de n'avoir plus aucune responsabilité, je lui laissais une autorité sans limites et sans contrôle. Il avait donc pris tout naturellement l'habitude de me regarder comme un enfant en tutelle, et il n'avait pas sujet de s'irriter contre un enfant si tranquille.

Si je suis entrée dans ce détail, c'est que j'ai à dire comment, au milieu de cette vie de religieuse que je menais bien réellement à Nohant, et à laquelle ne manquaient ni la cellule, ni le vœu d'obéissance, ni celui de silence, ni celui de pauvreté, le besoin d'exister par moi-même se fit enfin sentir. Je souffrais de me voir inutile. Ne pouvant assister autrement les pauvres gens, je m'étais fait médecin de campagne, et ma clientèle gratuite s'était accrue au point de m'écraser de fatigue. Par économie, je m'étais faite aussi un peu pharmacien, et quand je rentrais de mes visites, je m'abrutissais dans la confection des onguents et des sirops. Je ne me lassais pas du métier ; que m'importait de rêver là ou ailleurs ? Mais je me disais qu'avec un peu d'argent à moi, mes malades seraient mieux soignés et que ma pratique pourrait s'aider de quelques lumières.

Et puis l'esclavage est quelque chose d'antihumain que l'on n'accepte qu'à la condition de rêver toujours la liberté. Je n'étais pas esclave de mon mari, il me laissait bien volontiers à mes lectures et à mes juleps ; mais j'étais asservie à une situation donnée, dont il ne dépendait pas de lui de m'affranchir. Si je lui eusse demandé la lune, il m'eût dit en riant : « Ayez de quoi la payer, je vous l'achète ; » et si je me fusse laissée aller à dire que j'aimerais à voir la Chine, il m'eût répondu : « Ayez de l'argent, faites que Nohant en rapporte, et allez en Chine. »

J'avais donc agité en moi plus d'une fois le problème d'avoir des ressources, si modestes qu'elles fussent, mais dont je pusse disposer sans remords et sans contrôle, pour un bonheur d'artiste, pour une aumône bien placée, pour un beau livre, pour une semaine de voyage, pour un petit cadeau à une amie pauvre, que sais-je ! pour tous ces riens dont on peut se priver, mais sans lesquels pourtant on n'est pas homme ou femme, mais bien plutôt ange ou bête. Dans notre société toute factice, l'absence totale de numéraire constitue une situation impossible, la misère effroyable ou l'impuissance absolue. L'irresponsabilité est un état de servage ; c'est quelque chose comme la honte de l'interdiction.

Je m'étais dit aussi qu'un moment viendrait où je ne pourrais plus rester à Nohant. Cela tenait à des causes encore passagères alors, mais que parfois je voyais s'aggraver d'une manière menaçante. Il eût fallu chasser mon frère, qui, gêné par une mauvaise gestion de son propre bien, était venu vivre chez nous par économie, et un autre ami de la maison pour qui j'avais, malgré sa fièvre bachique, une très-véritable amitié ; un homme qui, comme mon frère, avait du cœur et de l'esprit à revendre, un jour sur trois, sur quatre, ou sur cinq, selon *le vent,* disaient-ils. Or, il y avait des *vents salés* qui faisaient faire bien des folies, des *figures salées* qu'on ne pouvait rencontrer sans avoir envie de boire, et quand on avait bu, il se trouvait que, de toutes choses, le vin était encore la plus salée. Il n'y a rien de pis que des ivrognes spirituels et bons, on ne peut se fâcher avec eux. Mon frère avait le vin sensible, et j'étais forcée de m'enfermer dans ma cellule pour qu'il ne vînt pas pleurer toute la nuit, les fois où il n'avait pas dépassé une certaine dose qui lui donnait envie d'étrangler ses meilleurs amis. Pauvre Hippolyte ! Comme il était charmant dans ses bons jours, et insupportable dans ses mauvaises heures ! Tel qu'il était, et malgré des résultats indirects plus sérieux que ses radotages, ses pleurs et ses colères, j'aimais mieux songer à m'exiler qu'à le renvoyer. D'ailleurs sa femme habitait avec nous aussi, sa pauvre excellente femme, qui n'avait qu'un bonheur au monde, celui d'être d'une santé si frêle qu'elle passait dans son lit plus de temps que sur ses pieds, et qu'elle dormait d'un sommeil assez accablé pour ne pas trop s'apercevoir encore de ce qui se passait autour de nous.

Dans la vue de m'affranchir et de soustraire mes

enfants à de fâcheuses influences, un jour possibles, certaine qu'on me laisserait m'éloigner, à la condition de ne pas demander le partage, même très-inégal, de mon revenu, j'avais tenté de me créer quelque petit métier. J'avais essayé de faire des traductions : c'était trop long, j'y mettais trop de scrupule et de conscience ; des portraits au crayon ou à l'aquarelle en quelques heures : je saisissais très-bien la ressemblance, je ne dessinais pas mal mes petites têtes ; mais cela manquait d'originalité ; de la couture : j'allais vite, mais je ne voyais pas assez fin, et j'appris que cela rapporterait tout au plus dix sous par jour ; des modes : je pensais à ma mère, qui n'avait pu s'y remettre faute d'un petit capital. Pendant quatre ans, j'allai tâtonnant et travaillant comme un nègre à ne rien faire qui vaille, pour découvrir en moi une capacité quelconque. Je crus un instant l'avoir trouvée. J'avais peint des fleurs et des oiseaux d'ornement, en compositions microscopiques sur des tabatières et des étuis à cigares en bois de Spa. Il s'en trouva de très-jolis que le vernisseur admira lorsque à un de mes petits voyages à Paris je les lui portai. Il me demanda si c'était mon état, je répondis que oui, pour voir ce qu'il avait à me dire. Il me dit qu'il mettrait ces petits objets sur *sa montre* et qu'il les laisserait marchander. Au bout de quelques jours, il m'apprit qu'il avait refusé quatre-vingts francs de l'étui à cigares : je lui avais dit, à tout hasard, que j'en voulais cent francs, pensant qu'on ne m'en offrirait pas cent sous.

J'allai trouver les employés de la maison Giroux et leur montrai mes échantillons. Ils me conseillèrent d'essayer beaucoup d'objets différents, des éventails, des boîtes à thé, des coffrets à ouvrage, et m'assurèrent que j'en aurais le débit chez eux. J'emportai donc de Paris une provision de matériaux, mais j'usai mes yeux, mon temps et ma peine à la recherche des procédés. Certains bois réussissaient comme par miracle, d'autres laissaient tout partir ou tout gâter au vernissage. J'avais des accidents qui me retardaient, et, somme toute, les matières premières coûtaient si cher, qu'avec le temps perdu et les objets gâtés, je ne voyais, en supposant un débit soutenu, que de quoi manger du pain très-sec. Je m'y obstinai pourtant, mais la mode de ces objets passa à temps pour m'empêcher d'y poursuivre un échec.

Et puis, malgré moi, je me sentais artiste, sans avoir jamais songé à me dire que je pouvais l'être. Dans un de mes courts séjours à Paris, j'étais entrée un jour au musée de peinture. Ce n'était sans doute pas la première fois, mais j'avais toujours regardé sans voir, persuadée que je ne m'y connaissais pas, et ne sachant pas tout ce qu'on peut sentir sans comprendre. Je commençai à m'émouvoir singulièrement. J'y retournai le lendemain, puis le surlendemain ; et, à mon voyage suivant, voulant connaître un à un tous les chefs-d'œuvre et me rendre compte de la différence des écoles un peu plus que par la nature des types et des sujets, je m'en allais mystérieusement toute seule, dès que le musée était ouvert, et j'y restais jusqu'à ce qu'il fermât. J'étais comme enivrée, comme clouée devant les Titien, les Tintoret, les Rubens. C'était d'abord l'école flamande qui m'avait saisie par la poésie dans la réalité, et peu à peu j'arrivais à sentir pourquoi l'école italienne était si appréciée. Comme je n'avais personne pour me dire en quoi c'était beau, mon admiration croissante avait tout l'attrait d'une découverte, et j'étais toute surprise et toute ravie de trouver devant la peinture des jouissances égales à celles que j'avais goûtées dans la musique. J'étais loin d'avoir un grand discernement, je n'avais jamais eu la moindre notion sérieuse de cet art, qui, pas plus que les autres, ne se révèle aux sens sans le secours de facultés et d'éducation spéciales. Je savais très-bien que dire devant un tableau : « Je juge parce que je vois, et je vois parce que j'ai des yeux, » est une impertinence d'épicier cuistre. Je ne disais donc rien, je ne m'interrogeais pas même pour savoir ce qu'il y avait d'obstacles ou d'affinités entre moi et les créations du génie. Je contemplais, j'étais dominée, j'étais transportée dans un monde nouveau. La nuit, je voyais passer devant moi toutes ces grandes figures qui, sous la main des maîtres, ont pris un cachet de puissance morale, même celles qui n'expriment que la force ou la santé physiques. C'est dans la belle peinture qu'on sent ce que c'est que la vie : c'est comme un résumé splendide de la forme et de l'expression des êtres et des choses, trop souvent voilées ou flottantes dans le mouvement de la réalité et dans l'appréciation de celui qui les contemple ; c'est le spectacle de la nature et de l'humanité vu à travers le sentiment du génie qui l'a composé et mis en scène. Quelle bonne fortune pour un esprit naïf qui n'apporte devant de telles œuvres ni préventions de critique ni préventions de capacité personnelle ! L'univers se révélait à moi. Je voyais à la fois dans le présent et dans le passé, je devenais classique et romantique en même temps, sans savoir ce que signifiait la querelle agitée dans les arts. Je voyais le monde du vrai surgir à travers tous les fantômes de ma fantaisie et toutes les hésitations de mon regard. Il me semblait avoir conquis je ne sais quel trésor d'infini dont j'avais ignoré l'existence. Je n'aurais pu dire quoi, je ne savais pas de nom pour ce que je sentais se presser dans mon esprit réchauffé et comme dilaté ; mais j'avais la fièvre, et je m'en revenais du musée, me perdant de rue en rue, ne sachant où j'allais, oubliant de manger, et m'apercevant tout à coup que l'heure était venue d'aller entendre le *Freischutz* ou *Guillaume Tell*. J'entrais alors chez un pâtissier, je dînais d'une brioche, me disant avec satisfaction, devant la petite bourse dont on m'avait munie, que la suppression de mon repas me donnait le droit et le moyen d'aller au spectacle.

On voit qu'au milieu de mes projets et de mes émotions, je n'avais rien appris. J'avais lu de l'histoire et des romans; j'avais déchiffré des partitions; j'avais jeté un œil distrait sur les journaux et un peu fermé l'oreille à dessein aux entretiens politiques du moment. Mon ami Néraud, un vrai savant, artiste jusqu'au bout des ongles dans la science, avait essayé de m'apprendre la botanique; mais, en courant avec lui dans la campagne, lui chargé de sa boîte de fer-blanc, moi portant Maurice sur mes épaules, je ne m'étais amusée, comme disent les bonnes gens, qu'à la moutarde; encore n'avais-je pas bien étudié la moutarde et savais-je tout au plus que cette plante est de la famille des crucifères. Je me laissais distraire des classifications et des individus par le soleil dorant les brouillards, par les papillons courant après les fleurs et Maurice courant après les papillons.

Et puis j'aurais voulu tout voir et tout savoir en même temps. Je faisais causer mon professeur, et sur toutes choses il était brillant et intéressant; mais je ne m'initiai avec lui qu'à la beauté des détails, et le côté exact de la science me semblait aride pour ma mémoire récalcitrante. J'eus grand tort ; mon Malgache, c'est ainsi que j'appelais Néraud, était un initiateur admirable, et j'étais encore en âge d'apprendre. Il ne tenait qu'à moi de m'instruire d'une manière générale, qui m'eût permis de me livrer seule ensuite à de bonnes études. Je me bornai à comprendre un ensemble de choses qu'il résumait en lettres ravissantes sur l'histoire naturelle et en récits de ses lointains voyages, qui m'ouvrirent un peu le monde des tropiques. J'ai retrouvé la vision qu'il m'avait donnée de l'Ile-de-France en écrivant le roman d'*Indiana*, et, pour ne pas copier les cahiers qu'il avait rassemblés pour moi, je n'ai pas su faire autre chose que de gâter ses descriptions en les appropriant aux scènes de mon livre.

Il est tout simple que, n'apportant dans mes projets littéraires ni talent éprouvé, ni études spéciales, ni souvenirs d'une vie agitée à la surface, ni connaissance approfondie du monde des faits, je n'eusse aucune espèce d'ambition. L'ambition s'appuie sur la confiance en soi-même, et je n'étais pas assez sotte pour compter sur mon petit génie. Je me sentais riche d'un fonds très-restreint ; l'analyse des sentiments, la peinture d'un certain nombre de caractères, l'amour de la nature, la familiarisation, si je puis parler ainsi, avec les scènes et les mœurs de la campagne : c'était assez pour commencer. « A mesure que je vivrai, me disais-je, je verrai plus de gens et de choses, j'étendrai mon cercle d'individualités, j'agrandirai le cadre des scènes, et s'il faut, d'ailleurs, me retrancher dans le roman d'inductions, qu'on appelle le roman historique, j'étudierai le détail de l'histoire, et je devinerai par la pensée la pensée des hommes qui ne sont plus. »

Quand ma résolution fut mûre d'aller tenter la fortune, c'est-à-dire les mille écus de rente que j'avais toujours rêvés, la déclarer et la suivre fut l'affaire de trois jours. Mon mari me devait une pension de quinze cents francs. Je lui demandai ma fille, et la permission de passer à Paris deux fois trois mois par an, avec deux cent cinquante francs par mois d'absence. Cela ne souffrit aucune difficulté. Il pensa que c'était un caprice dont je serais bientôt lasse.

Mon frère, qui pensait de même, me dit : « Tu t'imagines vivre à Paris avec un enfant moyennant deux cent cinquante francs par mois ! C'est trop risible, toi qui ne sais pas ce que coûte un poulet ! Tu vas revenir avant quinze jours les mains vides, car ton mari est bien décidé à être sourd à toute demande de nouveau subside. — C'est bien, lui répondis-je, j'essayerai. Prête-moi pour huit jours l'appartement que tu occupes dans ta maison de

Paris, et garde-moi Solange jusqu'à ce que j'aie un logement. Je reviendrai effectivement bientôt. »

Mon frère fut le seul qui essaya de combattre ma résolution. Il se sentait un peu coupable du dégoût que m'inspirait ma maison. Il n'en voulait pas convenir avec lui-même, et il en convenait avec moi à son insu. Sa femme comprenait mieux et m'approuvait. Elle avait confiance dans mon courage et dans ma destinée. Elle sentait que je prenais le seul moyen d'éviter ou d'ajourner une détermination plus pénible.

Ma fille ne comprenait rien encore : Maurice n'eût rien compris si mon frère n'eût pris soin de lui dire que je m'en allais pour longtemps et que je ne reviendrais peut-être pas. Il agissait ainsi dans l'espoir que le chagrin de mon pauvre enfant me retiendrait. J'eus le cœur brisé de ses larmes, mais je parvins à le tranquilliser et à lui donner confiance en ma parole.

J'arrivai à Paris peu de temps après les scènes du Luxembourg et le procès des ministres.

## CHAPITRE TREIZIÈME

Manière de préface à une nouvelle phase de mon récit. — Pourquoi je ne parle pas de toutes les personnes qui ont eu de l'influence sur ma vie, soit par la persuasion, soit par la persécution. — Quelques lignes de J. J. Rousseau sur le même sujet. — Mon sentiment est tout l'opposé du sien. — Je ne sais pas attenter à la vie des autres, et, pour cause de christianisme invétéré, je n'ai pu me jeter dans la politique de personnalités. — Je reprends mon histoire. — La mansarde du quai Saint-Michel et la vie excentrique que j'ai menée pendant quelques mois avant de m'installer. — Déguisement qui réussit extraordinairement. — Méprises singulières. — M. Pinson. — Émile Paultre. — Le bouquet de mademoiselle Leverd. — M. Rollinat père. — Sa famille. — François Rollinat. — Digression assez longue. — Mon chapitre de l'amitié, moins beau, mais aussi senti que celui de Montaigne.

Établissons un fait avant d'aller plus loin.

Comme je ne prétends pas donner le change sur quoi que ce soit en racontant ce qui me concerne, je dois commencer par dire nettement que je veux *taire* et non *arranger* ni *déguiser* plusieurs circonstances de ma vie. Je n'ai jamais cru avoir de secrets à garder pour mon compte vis-à-vis de mes amis. J'ai agi, sous ce rapport, avec une sincérité à laquelle j'ai dû la franchise de mes relations et le respect dont j'ai toujours été entourée dans mon milieu d'intimité. Mais vis-à-vis du public, je ne m'attribue pas le droit de disposer du passé de toutes les personnes dont l'existence a côtoyé la mienne.

Mon silence sera indulgence ou respect, oubli ou déférence, je n'ai pas à m'expliquer sur ces causes. Elles seront de diverses natures probablement, et je déclare qu'on ne doit rien préjuger pour ou contre les personnes dont je parlerai peu ou point.

Toutes mes affections ont été sérieuses, et pourtant j'en ai brisé plusieurs sciemment et volontairement. Aux yeux de mon entourage j'ai agi trop tôt ou trop tard, j'ai eu tort ou raison, selon qu'on a plus ou moins bien connu les causes de mes résolutions. Outre que ces débats d'intérieur auraient peu d'intérêt pour le lecteur, le seul fait de les présenter à son appréciation serait contraire à toute délicatesse, car je serais forcée de sacrifier parfois la personnalité d'autrui à la mienne propre.

Puis-je, cependant, pousser cette délicatesse jusqu'à dire que j'ai été injuste en de certaines occasions pour le plaisir de l'être? Là commencerait le mensonge, et qui donc en serait dupe? Tout le monde sait de reste que dans toute querelle, qu'elle soit de famille ou d'opinion, d'intérêt ou de cœur, de sentiment ou de principes, d'amour ou d'amitié, il y a des torts réciproques et qu'on ne peut expliquer et motiver les uns que par les autres. Il est des personnes que j'ai vues à travers un prisme d'enthousiasme et vis-à-vis desquelles j'ai eu le grand tort de recouvrer la lucidité de mon jugement. Tout ce qu'elles avaient à me demander, c'étaient de bons procédés, et je défie qui que ce soit de dire que j'aie manqué à ce fait. Pourtant leur irritation a été vive, et je le comprends très-bien. On est disposé, dans le premier moment d'une rupture, à prendre le désenchantement pour un outrage. Le calme se fait, on devient plus juste. Quoi qu'il en soit de ces personnes, je ne veux pas avoir à les peindre; je n'ai pas le droit de livrer leurs traits à la curiosité ou à l'indifférence des passants. Si elles vivent dans l'obscurité, laissons-les jouir de ce doux privilége. Si elles sont célèbres, laissons-les se peindre elles-mêmes, si elles le jugent à propos, et ne faisons pas le triste métier de biographe des vivants.

Les vivants! on leur doit bien, je pense, de les laisser vivre, et il y a longtemps qu'on a dit que le ridicule était une arme mortelle. S'il en est ainsi, combien plus le blâme de telle ou telle action, ou seulement la révélation de quelque faiblesse! Dans des situations plus graves que celles auxquelles je fais allusion ici, j'ai vu la perversité naître et grandir d'heure en heure; je la connais, je l'ai observée, et je ne l'ai même pas prise pour type, en général, dans mes romans. On a critiqué en moi cette bénignité d'imagination. Si c'est une infirmité du cerveau, on peut bien croire qu'elle est dans mon cœur aussi et que je ne sais pas vouloir constater le laid dans la vie réelle. Voilà pourquoi je ne le montrerai pas dans une histoire véritable. Me fût-il prouvé que cela est utile à montrer, il n'en resterait pas moins certain pour moi que le pilori est un mauvais mode de prédication, et que celui qui a perdu l'espoir de se réhabiliter devant les hommes n'essayera pas de se réconcilier avec lui-même.

D'ailleurs, moi, je pardonne, et si des âmes très-coupables devant moi se réhabilitent sous d'autres influences, je suis prête à bénir. Le public n'agit pas ainsi; il condamne et lapide. Je ne veux donc pas livrer mes ennemis (si je peux me servir d'un mot qui n'a pas beaucoup de sens pour moi) à des juges sans entrailles ou sans lumières et aux arrêts d'une opinion que ne dirige pas la moindre pensée religieuse, que n'éclaire pas le moindre principe de charité.

Je ne suis pas une sainte : j'ai dû avoir, je le répète, et j'ai eu certainement ma part de torts, sérieux aussi, dans la lutte qui s'est engagée entre moi et plusieurs individualités. J'ai dû être injuste, violente de résolutions, comme le sont les organisations lentes à se décider, et subir des préventions cruelles, comme l'imagination en crée aux sensibilités surexcitées. L'esprit de mansuétude que j'apporte ici n'a pas toujours dominé mes émotions au moment où elles se sont produites. J'ai pu murmurer contre mes souffrances et me plaindre des faits dans le secret de l'amitié; mais jamais de sang-froid, avec préméditation et sous l'empire d'un lâche sentiment de rancune ou de haine, je n'ai traduit personne à la barre de l'opinion. Je n'ai pas voulu le faire là où les gens les plus purs et les plus sérieux s'en attribuent le droit : en politique. Je ne suis pas née pour ce métier d'exécuteur, et si j'ai refusé obstinément d'entrer dans ce fait de guerre générale, par scrupule de conscience, par générosité ou débonnaireté de caractère, à plus forte raison ne me démentirai-je pas quand il s'agira de ma cause isolée.

Et qu'on ne dise pas qu'il est facile d'écrire sa vie quand on en retranche l'exposé de certaines applications essentielles de la volonté. Non, cela n'est pas facile, car il faut prendre franchement le parti de laisser courir des récits absurdes et de folles calomnies, et j'ai pris ce parti-là en commençant cet ouvrage. Je ne l'ai pas intitulé mes *Mémoires*, et c'est à dessein que je me suis servie de ces expressions : *Histoire de ma vie,* pour bien dire que je n'entendais pas raconter sans restriction celle des autres. Or, dans toutes les circonstances où la vie de quelqu'un de mes semblables a pu faire dévier la mienne propre de la ligne tracée par sa logique naturelle, je n'ai rien à dire, ne voulant pas faire un procès public à des influences que j'ai subies ou repoussées, à des caractères qui, par persuasion ou par persécution, m'ont déterminée à agir dans un sens ou dans l'autre. Si j'ai flotté ou erré, j'ai, du moins, la grande consolation d'être aujourd'hui certaine de n'avoir jamais agi, après réflexion, qu'avec la conviction d'accomplir un devoir ou d'user d'un droit légitime, ce qui est au fond la même chose [1].

J'ai reçu dernièrement un petit volume, récemment publié [2], de fragments inédits de Jean-Jacques Rousseau, et j'ai été vivement frappée de ce passage qui faisait partie d'un projet de préface ou introduction aux *Confessions :* « Les liaisons que j'ai » eues avec plusieurs personnes me forcent d'en » parler aussi librement que de moi. Je ne puis me

---

[1] Oui, c'est la même chose. On recule parfois devant le devoir de défendre son droit par un mouvement de générosité irréfléchi. Je l'ai fait souvent, par faiblesse peut-être, et le résultat n'a jamais été bon pour les autres. L'impunité a empiré leur mauvais vouloir, et les a rendus plus coupables, partant plus malheureux. La sagesse consisterait à s'assurer bien froidement de la légitimité du droit en litige, et à trouver le moyen de pouvoir se dire : « En étant généreux, je ne suis que juste. »

[2] Par M. Alfred de Bougy.

» bien faire connaître que je ne les fasse connaître
» aussi ; et l'on ne doit pas s'attendre que, dissi-
» mulant dans cette occasion ce qui ne peut être tu
» sans nuire aux vérités que je dois dire, j'aurai
» pour d'autres des ménagements que je n'ai pas
» pour moi-même. »

Je ne sais pas si, lors même qu'on est Jean-Jacques Rousseau, on a le droit de traduire ainsi ses contemporains devant ses contemporains pour une cause toute personnelle. Il y a là quelque chose qui révolte la conscience publique. On aimerait que Rousseau se fût laissé accuser de légèreté et d'ingratitude envers madame de Warens, plutôt que d'apprendre par lui des détails qui souillent l'image de sa bienfaitrice. On eût pu pressentir qu'il y eût des motifs à son inconstance, des excuses à son oubli, et le juger avec d'autant plus de générosité qu'il en eût paru digne par sa générosité même.

J'écrivais, il y a sept ans, aux premières pages de ce récit : « Comme nous sommes tous solidaires, il n'y a point de faute isolée. Il n'y a point d'erreur dont quelqu'un ne soit la cause ou le complice, et il est impossible de s'accuser sans accuser le prochain, non pas seulement l'ennemi qui nous dénonce, mais encore parfois l'ami qui nous défend. C'est ce qui est arrivé à Rousseau, et cela est mal. »

Oui, cela est mal. Après sept ans d'un travail

## CHAPITRE TREIZIÈME.

cent fois interrompu par des préoccupations générales et particulières qui ont donné à mon esprit tout le loisir de nouvelles réflexions et tout le profit d'un nouvel examen, je me retrouve vis-à-vis de moi-même et de mon ouvrage dans la même conviction, dans la même certitude. Certaines confidences personnelles, qu'elles soient confession ou justification, deviennent, dans des conditions de publicité littéraire, un attentat à la conscience, à la réputation d'autrui, ou bien elles ne sont pas complètes, et par là elles ne sont pas vraies.

Tout ceci établi, je continue. Je retire à mes souvenirs une portion de leur intérêt, mais il leur restera encore assez d'utilité, sous plus d'un rapport, pour que je prenne la peine de les écrire.

Ici ma vie devient plus active, plus remplie de détails et d'incidents. Il me serait impossible de les retrouver dans un ordre de dates certaines. J'aime mieux les classer par ordre de progression dans leur importance.

Je cherchai un logement et m'établis bientôt quai Saint-Michel, dans une des mansardes de la grande maison qui fait le coin de la place, au bout du pont, en face de la Morgue. J'avais là trois petites pièces très-propres donnant sur un balcon d'où je dominais une grande étendue du cours de la Seine, et d'où je contemplais face à face les monuments gigantesques de Notre-Dame, Saint-Jacques-la-Bouchérie, la Sainte-Chapelle, etc. J'avais du ciel, de l'eau, de l'air, des hirondelles, de la verdure sur les toits; je ne me sentais pas trop dans le Paris de la civilisation, qui n'eût convenu ni à mes goûts ni à mes ressources, mais plutôt dans le Paris pittoresque et poétique de Victor Hugo, dans la ville du passé.

J'avais, je crois, trois cents francs de loyer par an. Les cinq étages de l'escalier me chagrinaient fort, je n'ai jamais su monter; mais il le fallait bien, et souvent avec ma grosse fille dans les bras. Je n'avais pas de servante; ma portière, très-fidèle, très-propre et très-bonne, m'aida à faire mon ménage pour 15 fr. par mois. Je me fis apporter mon repas de chez un gargotier très-propre et très-honnête aussi, moyennant deux francs par jour. Je savonnais et repassais moi-même le *fin*. J'arrivai alors à trouver mon existence possible dans la limite de ma pension.

Le plus difficile fut d'acheter des meubles. Je n'y mis pas de luxe, comme on peut croire. On me fit crédit, et je parvins à payer; mais cet établissement, si modeste qu'il fût, ne put s'organiser tout de suite; quelques mois se passèrent, tant à Paris qu'à Nohant, avant que je pusse transplanter Solange de son *palais* de Nohant (relativement parlant) dans cette pauvreté sans qu'elle en souffrît, sans qu'elle s'en aperçût. Tout s'arrangea peu à

## CHAPITRE TREIZIÈME.

peu, et dès que je l'eus auprès de moi, avec le vivre et le service assurés, je pus devenir sédentaire, ne sortir le jour que pour la mener promener au Luxembourg, et passer à écrire toutes mes soirées auprès d'elle. La Providence me vint en aide. En cultivant un pot de réséda sur mon balcon, je fis connaissance avec ma voisine, qui, plus luxueuse, cultivait un oranger sur le sien. C'était madame Badoureau, qui demeurait là avec son mari, instituteur primaire, et une charmante fille de quinze ans, douce et modeste blonde aux yeux baissés, qui se prit de passion pour Solange. Cette excellente famille m'offrit de la faire jouer avec d'autres enfants qui venaient prendre des leçons particulières, quand elle s'ennuierait du petit espace de ma mansarde et de la continuité des mêmes amusements. Cela rendit l'existence de l'enfant, non plus seulement possible, mais agréable, et il n'est pas de soins et de tendresses que ces braves gens ne lui aient prodigués, sans jamais vouloir me permettre de les en indemniser, bien que leur profession eût rendu la chose toute naturelle, et la rétribution bien acquise.

Jusque-là, c'est-à-dire jusqu'à ce que ma fille fut avec moi à Paris, j'avais vécu d'une manière moins facile et même d'une manière très-inusitée, mais qui allait pourtant très-directement à mon but.

Je ne voulais pas dépasser mon budget, je ne

voulais rien emprunter; ma dette de 500 francs, la seule de ma vie, m'avait tant tourmentée! Et si M. Dudevant eût refusé de la payer! Il la paya de bonne grâce; mais je n'avais osé la lui déclarer qu'étant très-malade et craignant de mourir *insolvable*. J'allais cherchant de l'ouvrage et n'en trouvant pas. Je dirai tout à l'heure où j'en étais de mes chances littéraires. J'avais en *montre* un petit portrait dans le café du quai Saint-Michel, dans la maison même, mais la pratique n'arrivait pas. J'avais *raté* la ressemblance de ma portière : cela risquait de me faire bien du tort dans le quartier.

J'aurais voulu lire, je n'avais pas de livres de fonds. Et puis c'était l'hiver, et il n'est pas économique de garder la chambre quand on doit compter les bûches. J'essayai de m'installer à la bibliothèque Mazarine; mais il eût mieux valu, je crois, aller travailler sur les tours de Notre-Dame, tant il y faisait froid. Je ne pus y tenir, moi qui suis l'être le plus frileux que j'aie jamais connu. Il y avait là de vieux *piocheurs*, qui s'installaient à une table, immobiles, satisfaits, momifiés, et ne paraissant pas s'apercevoir que leurs nez bleus se cristallisaient. J'enviais cet état de pétrification : je les regardais s'asseoir et se lever comme poussés par un ressort, pour bien m'assurer qu'ils n'étaient pas en bois.

Et puis encore j'étais avide de me déprovincialiser et de me mettre au courant des choses, au niveau des idées et des formes de mon temps. J'en sentais la nécessité, j'en avais la curiosité ; excepté les œuvres les plus saillantes, je ne connaissais rien des arts modernes ; j'avais surtout soif du théâtre.

Je savais bien qu'il était impossible à une femme pauvre de se passer ces fantaisies. Balzac disait : « On ne peut pas être femme à Paris à moins d'avoir 25 mille francs de rente. » Et ce paradoxe d'élégance devenait une vérité pour la femme qui voulait être artiste.

Pourtant je voyais mes jeunes amis berrichons, mes compagnons d'enfance, vivre à Paris avec aussi peu que moi et se tenir au courant de tout ce qui intéresse la jeunesse intelligente. Les événements littéraires et politiques, les émotions des théâtres et des musées, des clubs et de la rue, ils voyaient tout, ils étaient partout. J'avais d'aussi bonnes jambes qu'eux et de ces bons petits pieds du Berry qui ont appris à marcher dans les mauvais chemins, en équilibre sur de gros sabots. Mais sur le pavé de Paris, j'étais comme un bateau sur la glace. Les fines chaussures craquaient en deux jours, les socques me faisaient tomber, je ne savais pas relever ma robe. J'étais crottée, fatiguée, enrhumée, et je voyais chaussures et vêtements, sans compter les petits chapeaux de velours arrosés par les gouttières, s'en aller en ruine avec une rapidité effrayante.

J'avais fait déjà ces remarques et ces expériences

avant de songer à m'établir à Paris, et j'avais posé ce problème à ma mère, qui y vivait très-élégante et très-aisée avec 3,500 francs de rente : comment suffire à la plus modeste toilette dans cet affreux climat, à moins de vivre enfermée dans sa chambre sept jours sur huit? Elle m'avait répondu : « C'est très-possible à mon âge et avec mes habitudes ; mais quand j'étais jeune et que ton père manquait d'argent, il avait imaginé de m'habiller en garçon. Ma sœur en fit autant, et nous allions partout à pied avec nos maris, au théâtre, à toutes les places. Ce fut une économie de moitié dans nos ménages. »

Cette idée me parut d'abord divertissante et puis très-ingénieuse. Ayant été habillée en garçon durant mon enfance, ayant ensuite chassé en blouse et en guêtres avec Deschartres, je ne me trouvai pas étonnée du tout de reprendre un costume qui n'était pas nouveau pour moi. A cette époque, la mode aidait singulièrement au déguisement. Les hommes portaient de longues redingotes carrées, dites à la *propriétaire*, qui tombaient jusqu'aux talons et qui dessinaient si peu la taille que mon frère, en endossant la sienne à Nohant, m'avait dit en riant : « C'est très-joli, cela, n'est-ce pas? C'est la mode, et ça ne gêne pas. Le tailleur prend mesure sur une guérite, et ça irait à ravir à tout un régiment. »

Je me fis donc faire une *redingote-guérite* en gros drap gris, pantalon et gilet pareils. Avec un chapeau gris et une grosse cravate de laine, j'étais absolument un petit étudiant de première année. Je ne peux pas dire quel plaisir me firent mes bottes : j'aurais volontiers dormi avec, comme fit mon frère dans son jeune âge, quand il chaussa la première paire. Avec ces petits talons ferrés, j'étais solide sur le trottoir. Je voltigeais d'un bout de Paris à l'autre. Il me semblait que j'aurais fait le tour du monde. Et puis, mes vêtements ne craignaient rien. Je courais par tous les temps, je revenais à toutes les heures, j'allais au parterre de tous les théâtres. Personne ne faisait attention à moi et ne se doutait de mon déguisement. Outre que je le portais avec aisance, l'absence de coquetterie du costume et de la physionomie écartait tout soupçon. J'étais trop mal vêtue, et j'avais l'air trop simple (mon air habituel, distrait et volontiers hébété) pour attirer ou fixer les regards. Les femmes savent peu se déguiser, même sur le théâtre. Elles ne veulent pas sacrifier la finesse de leur taille, la petitesse de leurs pieds, la gentillesse de leurs mouvements, l'éclat de leurs yeux ; et c'est par tout cela pourtant, c'est par le regard surtout qu'elles peuvent arriver à n'être pas facilement devinées. Il y a une manière de se glisser partout sans que personne détourne la tête, et de parler sur un diapason bas et sourd qui ne résonne pas en flûte aux oreilles qui peuvent vous entendre. Au reste, pour n'être pas remarquée en *homme*, il faut avoir déjà l'habitude de ne pas se faire remarquer en *femme*.

Je n'allais jamais seule au parterre, non pas que j'y aie vu les gens plus ou moins mal appris qu'ailleurs, mais à cause de la claque payée et non payée, qui à cette époque était fort querelleuse. On se bousculait beaucoup aux premières représentations, et je n'étais pas de force à lutter contre la foule. Je me plaçais toujours au centre du petit bataillon de mes amis berrichons, qui me protégeaient de leur mieux. Un jour pourtant, que nous étions près du lustre, et qu'il m'arriva de bâiller sans affectation, mais naïvement et sincèrement, les *romains* voulurent me faire un mauvais parti. Ils me traitèrent de garçon perruquier. Je m'aperçus alors que j'étais très-colère et très-mauvaise tête quand on me cherchait noise, et si mes amis n'eussent été en nombre pour imposer à la claque, je crois bien que je me serais fait assommer.

Je raconte là un temps très-passager et très-accidentel dans ma vie, bien qu'on ait dit que j'avais passé plusieurs années ainsi, et que, dix ans plus tard, mon fils encore imberbe ait été souvent pris pour moi. Il s'est amusé de ces *quiproquo*, et, puisque je suis sur ce chapitre, je m'en rappelle plusieurs qui me sont propres et qui datent de 1831.

Je dînais alors chez Pinson, restaurateur, rue de l'Ancienne-Comédie. Un de mes amis m'ayant appelée madame devant lui ; il crut devoir en faire autant. « Eh non, lui dis-je, vous êtes du secret, appelez-moi monsieur. » Le lendemain, je n'étais pas déguisée, il m'appela monsieur. Je lui en fis reproche, mais ce fréquent changement de costume ne put jamais s'arranger avec les habitudes de son langage. Il ne s'était pas plutôt accoutumé à dire monsieur que je reparaissais en femme, et il n'arrivait à dire madame que le jour où je redevenais monsieur. Ce brave et honnête père Pinson ! il était l'ami de ses clients, et, quand ils n'avaient pas de quoi payer, non-seulement il attendait, mais encore il leur ouvrait sa bourse. Pour moi, bien que j'aie fort peu mis son obligeance à contribution, j'ai toujours été reconnaissante de sa confiance comme d'un service rendu.

Planet avait formé un petit club berrichon où, pour une très-modique rétribution mensuelle, on pouvait lire les journaux et travailler dans un local passablement chauffé. Un jour que j'étais montée là pour lui parler, Émile Paultre, un Nivernais de nos amis, qui ne me connaissait pas encore, entra et prit part à la conversation. Le lendemain, je dînais avec Planet chez Pinson. Je n'étais pas déguisée. Paultre entra, et je dis à Planet de l'appeler auprès de nous pour voir s'il me reconnaîtrait. Comme il n'en faisait pas mine, Planet, voulant voir si c'était par discrétion, lui demanda s'il savait le nom du petit garçon de la veille. » Ma foi non, répondit-il. Qui est-ce? — C'est *un tel* de la Châtre. — Ça m'est égal, reprit l'autre; c'est un petit pédant qui m'a semblé insupportable. — Pourquoi? lui demandai-je à mon tour. A-t-il dit quelque sottise? — Non, mais il avait trop raison pour son âge. Si j'avais quinze ans, je pourrais trouver que Planet se trompe quelquefois, mais je ne me permettrais pas de le lui dire. » Je ne pus m'empêcher de rire. Il me regarda avec étonnement, puis, tout honteux : « Ah! madame, s'écria-t-il, je vous demande pardon! Ce jeune homme est votre frère; car vous lui ressemblez extraordinairement. Eh bien, après tout, qu'ai-je dit? Il est très-gentil, ce garçon-là, seulement il a trop d'aplomb, mais ça se passera.

» C'est égal, dit-il à Planet en sortant. J'ai fait une gaucherie. Cette dame m'en voudra. » Planet, autorisé par moi, voulut le tranquilliser en lui disant que le frère et la sœur étaient une seule et même personne. Il n'en voulut rien croire et se fâcha presque de ce qu'il prenait pour une mystification.

Nous avons été liés d'amitié depuis. C'est un digne et pur caractère, un esprit sérieux et une intelligence élevée.

Mais c'est à la première représentation de la *Reine d'Espagne,* de Delatouche, que j'eus la comédie pour mon propre compte.

# CHAPITRE TREIZIÈME.

J'avais des billets d'auteur, et cette fois je me prélassais au balcon, dans ma redingote grise, au-dessous d'une loge où mademoiselle Leverd, une actrice de grand talent, qui avait été jolie, mais que la petite vérole avait défigurée, étalait un superbe bouquet qu'elle laissa tomber sur mon épaule. Je n'étais pas dans mon rôle au point de le ramasser. « Jeune homme, me dit-elle d'un ton majestueux, mon bouquet ! Allons donc ! » Je fis la sourde oreille. « Vous n'êtes guère galant, me dit un vieux monsieur qui était à côté de moi, et qui s'élança pour ramasser le bouquet. A votre âge, je n'aurais pas été si distrait. » Il présenta le bouquet à mademoiselle Leverd, qui s'écria en grasseyant : « Ah vraiment, c'est vous, monsieur Rollinat ? » Et ils causèrent ensemble de la pièce nouvelle. « Bon, pensai-je, me voilà auprès d'un compatriote qui me reconnaît peut-être, bien que je ne me souvienne pas de l'avoir jamais vu. » M. Rollinat le père était le premier avocat de notre département.

Pendant qu'il causait avec mademoiselle Leverd, M. Duris-Dufresne, qui était à l'orchestre, monta au balcon pour me dire bonjour. Il m'avait déjà vue déguisée, et s'asseyant un instant à la place vide de M. Rollinat, il me parla, je m'en souviens, de la Fayette, avec qui il voulait me faire faire connaissance. M. Rollinat revint à sa place, et ils se parlèrent à voix basse; puis le député se retira en me saluant avec un peu trop de déférence pour le costume que je portais. Heureusement l'avocat n'y fit pas attention et me dit en se rasseyant : « Ah çà, il paraît que nous sommes compatriotes? Notre député vient de me dire que vous étiez un jeune homme très-distingué. Pardon, moi, j'aurais dit un enfant. Quel âge avez-vous donc? quinze ans, seize ans? — Et vous, monsieur, lui dis-je, vous qui êtes un avocat très-distingué, quel âge avez-vous donc? — Oh, moi! reprit-il en riant, j'ai passé la septantaine. — Eh bien, vous êtes comme moi, vous ne paraissez pas avoir votre âge. »

La réponse lui fut agréable, et la conversation s'engagea. Quoique j'aie toujours eu fort peu d'esprit, si peu qu'en ait une femme, elle en a toujours plus qu'un collégien. Le bon père Rollinat fut si frappé de ma *haute intelligence* qu'à plusieurs reprises il s'écria : « Singulier, singulier! » La pièce tomba violemment, malgré un feu roulant d'esprit, des situations charmantes et un dialogue tout inspiré de la verve de Molière; mais il est certain que le sujet de l'intrigue et la crudité des détails étaient un anachronisme. Et puis, la jeunesse était romantique. Delatouche avait mortellement blessé ce que l'on appelait alors la *pléiade* en publiant un article intitulé la *Camaraderie;* moi seule peut-être dans la salle, j'aimais à la fois Delatouche et les romantiques.

Dans les entr'actes, je causai jusqu'à la fin avec le vieil avocat, qui jugeait bien et sainement le fort et le faible de la pièce. Il aimait à parler et s'écoutait lui-même plus volontiers que les autres. Content d'être compris, il me prit en amitié, me demanda mon nom et m'engagea à l'aller voir. Je lui dis un nom en l'air qu'il s'étonna de ne pas connaître, et lui promis de le voir en Berry. Il conclut en me disant : « M. Dufresne ne m'avait pas trompé : vous êtes un enfant remarquable. Mais je vous trouve faible sur vos études classiques. Vous me dites que vos parents vous ont élevé à la maison et que vous n'avez fait ni ne comptez faire vos classes. Je vois bien que cette éducation-là a son bon côté : vous êtes artiste, et, sur tout ce qui est idée ou sentiment, vous en savez plus long que votre âge ne le comporte. Vous avez une convenance et des habitudes de langage qui me font croire que vous pourrez un jour écrire avec succès. Mais, croyez-moi, faites vos études classiques. Rien ne remplace ce fonds-là. J'ai douze enfants. J'ai mis tous mes garçons au collége. Il n'y en a pas un qui ait votre précocité de jugement, mais ils sont tous capables de se tirer d'affaire dans les diverses professions que la jeunesse peut choisir; tandis que vous, vous êtes forcé d'être artiste, et rien autre chose. Or, si vous échouez dans l'art, vous regretterez beaucoup de n'avoir pas reçu l'éducation commune. »

J'étais persuadée que ce brave homme n'était pas la dupe de mon déguisement et qu'il s'amusait avec esprit à me pousser dans mon rôle. Cela me faisait l'effet d'une conversation de bal masqué, et je me donnais si peu de peine pour soutenir la fiction, que je fus fort étonnée d'apprendre plus tard qu'il y avait été de la meilleure foi du monde.

L'année suivante, M. Dudevant me présenta François Rollinat, qu'il avait invité à venir passer quelques jours à Nohant, et à qui je demandai d'interroger son père sur un petit bonhomme avec lequel il avait causé avec beaucoup de bonté à la première et dernière représentation de la *Reine d'Espagne*. « Eh! précisément, répondit Rollinat, mon père nous parlait l'autre jour de cette rencontre à propos de l'éducation en général. Il disait avoir été frappé de l'aisance d'esprit et des manières des jeunes gens d'aujourd'hui, d'un, entre autres, qui lui avait parlé de toutes choses comme un petit docteur, tout en lui avouant qu'il ne savait ni latin ni grec, et qu'il n'étudiait ni droit ni médecine. — Et votre père ne s'est pas avisé de penser que ce petit docteur pouvait bien être une femme?
— Vous peut-être? s'écria Rollinat. — Précisément!
— Eh bien! de toutes les conjectures auxquelles

mon père s'est livré, en s'enquérant en vain du fils de famille que vous pouviez être, voilà la seule qui ne se soit présentée ni à lui ni à nous. Il a été cependant frappé et intrigué, il cherche encore, et je veux me bien garder de le détromper. Je vous demande la permission de vous le présenter sans l'avertir de rien. — Soit ! mais il ne me reconnaîtra pas, car il est probable qu'il ne m'a pas regardée. »

Je me trompais ; M. Rollinat avait si bien fait attention à ma figure qu'en me voyant il fit un saut sur ses jambes grêles et encore lestes, en s'écriant : « Oh ! ai-je été assez bête ! »

Nous fûmes dès lors comme des amis de vingt ans, et puisque je tiens ce personnage, je parlerai ici de lui et de sa famille, bien que tout cela pousse mon récit un peu en avant de la période où je le laisse un moment pour le reprendre tout à l'heure.

M. Rollinat le père, malgré sa théorie sur l'éducation classique, était artiste de la tête aux pieds, comme le sont, au reste, tous les avocats un peu éminents. C'était un homme de sentiment et d'imagination, fou de poésie, très-poëte et pas mal fou lui-même, bon comme un ange, enthousiaste, prodigue, gagnant avec ardeur une fortune pour ses douze enfants, mais la mangeant à mesure sans s'en apercevoir; les idolâtrant, les gâtant et les oubliant devant la table de jeu, où, gagnant et perdant tour à tour, il laissa son reste avec sa vie.

Il était impossible de voir un vieillard plus jeune et plus vif, buvant sec et ne se grisant jamais, chantant et folâtrant avec la jeunesse sans jamais se rendre ridicule, parce qu'il avait l'esprit chaste et le cœur naïf; enthousiaste de toutes les choses d'art, doué d'une prodigieuse mémoire et d'un goût exquis, c'était à coup sûr une des plus heureuses organisations que le Berry ait produites.

Il n'épargna rien pour l'éducation de sa nombreuse famille. L'aîné fut avocat, un autre missionnaire, un troisième savant, un autre militaire, les autres artistes et professeurs, les filles comme les garçons. Ceux que j'ai connus plus particulièrement sont François, Charles et Marie-Louise. Cette dernière a été gouvernante de ma fille pendant un an. Charles, qui avait un admirable talent, une voix magnifique, un esprit charmant comme son caractère, mais dont l'âme fière et contemplative ne voulut jamais se livrer à la foule, a été se fixer en Russie, où il a fait successivement plusieurs éducations chez de grands personnages.

François avait terminé ses études de bonne heure. A vingt-deux ans, reçu avocat, il vint exercer à Châteauroux. Son père lui céda son cabinet, estimant lui donner une fortune, et ne doutant pas qu'il ne pût facilement faire face à tous les besoins de la famille avec un beau talent et une belle clientèle. En conséquence, il ne se tourmenta plus de rien, et mourut en jouant et en riant, laissant plus de dettes que de bien, et toute la famille à élever ou à établir.

François a porté cette charge effroyable avec la patience du bœuf berrichon. Homme d'imagination et de sentiment, lui aussi, artiste comme son père, mais philosophe plus sérieux, il a, dès l'âge de vingt-deux ans, absorbé sa vie, sa volonté, ses forces, dans l'aride travail de la procédure pour faire honneur à tous ses engagements et mener à bien l'existence de sa mère et de onze frères et sœurs. Ce qu'il a souffert de cette abnégation, de ce dégoût d'une profession qu'il n'a jamais aimée, et où le succès de son talent n'a jamais pu réussir à le griser, de cette vie étroite, refoulée, assujettie, des tracasseries du présent, des inquiétudes de l'avenir, du ver rongeur de la dette sacrée, nul ne s'en est douté, quoique le souci et la fatigue l'aient écrit sur sa figure assombrie et préoccupée. Lourd et distrait à l'habitude, Rollinat ne se révèle que par éclairs, mais alors c'est l'esprit le plus net, le tact le plus sûr, la pénétration la plus subtile, et quand il est retiré et bien caché dans l'intimité, quand son cœur satisfait ou soulagé permet à son esprit de s'égayer, c'est le fantaisiste le plus inouï, et je ne connais rien de désopilant comme ce passage subit d'une gravité presque lugubre à une verve presque délirante.

Mais tout ce que je raconte là ne dit pas et ne saurait dire les trésors d'exquise bonté, de candeur généreuse et de haute sagesse que renferme, à l'insu d'elle-même, cette âme d'élite. Je sus l'apprécier à première vue, et c'est par là que j'ai été digne d'une amitié que je place au nombre des plus précieuses bénédictions de ma destinée. Outre les motifs d'estime et de respect que j'avais pour ce caractère éprouvé par tant d'abnégation et de simplicité dans l'héroïsme domestique, une sympathie particulière, une douce entente d'idées, une conformité, ou, pour mieux dire, une similitude extraordinaire d'appréciation de toutes choses, nous révélèrent l'un à l'autre ce que nous avions rêvé de l'amitié parfaite, un sentiment à part de tous les autres sentiments humains par sa sainteté et sa sérénité.

Il est bien rare qu'entre un homme et une femme, quelque pensée plus vive que ne le comporte le lien fraternel ne vienne jeter quelque trouble, et souvent l'amitié fidèle d'un homme mûr n'est pour nous que la générosité d'une passion vaincue dans le passé. Une femme chaste et sincère échappe vite à ce danger, et l'homme qui ne lui pardonne pas de n'avoir pas partagé ses agitations secrètes n'est pas digne du bienfait de l'amitié. Je dois dire qu'en général j'ai été heureuse sous ce rapport, et que, malgré la confiance romanesque dont on m'a souvent raillée, j'ai eu, en somme, l'instinct de découvrir les belles âmes et d'en conserver l'affection. Je dois dire aussi que, n'étant pas du tout coquette, ayant même une sorte d'horreur pour cette étrange habitude de provocation dont ne se défendent pas toutes les femmes honnêtes, j'ai rarement eu à lutter contre l'amour dans l'amitié. Aussi, quand il a fallu l'y découvrir, je ne l'ai jamais trouvé offensant, parce qu'il était sérieux et respectueux.

Quant à Rollinat, il n'est pas le seul de mes amis qui m'ait fait, du premier jour jusqu'à celui-ci, l'honneur de ne voir en moi qu'un frère. Je leur ai toujours avoué à tous que j'avais pour lui une sorte de préférence inexplicable. D'autres m'ont autant que lui respectée dans leur esprit et servie de leur dévouement, d'autres que le lien des souvenirs d'enfance devrait pourtant me rendre plus précieux : ils ne me le sont pas moins; mais c'est parce que je n'ai pas ce lien avec Rollinat, c'est parce que notre amitié n'a que vingt-cinq ans de date, que je dois la considérer comme plus fondée sur le choix que sur l'habitude. C'est d'elle que je me suis souvent plu à dire avec Montaigne :

« Si on me presse de dire pourquoy je l'aime, je
» sens que cela ne se peut exprimer qu'en respon-
» dant : Parce que c'est luy, parce que c'est moy.
» Il y a au delà de tout mon discours et de ce que
» j'en puis dire particulièrement je ne sçay quelle
» force inexplicable et fatale, médiatrice de cette

» union. Nous nous cherchions avant que de nous
» estre veus et par des rapports que nous oyïons
» l'un de l'autre qui faisoient en notre affection plus
» d'effort que ne porte la raison des rapports. Et à
» notre première rencontre, nous nous trouvâmes
» si pris, si cognus, si obligez entre nous, que rien
» dès lors ne nous fut si proche que l'un à l'autre.
» Ayant si tard commencé, nostre intelligence n'a-
» voit point à perdre tems et n'avoit à se reigler au
» patron des amitiés régulières auxquelles il faut
» tant de précautions de longue et préalable conver-
» sation. »

Dès ma jeunesse, dès mon enfance, j'avais eu le rêve de l'amitié idéale, et je m'enthousiasmais pour ces grands exemples de l'antiquité, où je n'entendais pas malice. Il me fallut, dans la suite, apprendre qu'elle était accompagnée de cette déviation insensée ou maladive dont Cicéron disait : *Quis est enim iste amor amicitiæ?* Cela me causa une sorte de frayeur, comme tout ce qui porte le caractère de l'égarement et de la dépravation. J'avais vu des héros si purs, et il me fallait les concevoir si dépravés ou si sauvages ! Aussi fus-je saisie de dégoût jusqu'à la tristesse quand, à l'âge où l'on peut tout lire, je compris toute l'histoire d'Achille et de Patrocle, d'Harmodius et d'Aristogiton. Ce fut justement le chapitre de Montaigne sur l'amitié qui m'apporta cette désillusion, et dès lors ce même chapitre si chaste et si ardent, cette expression mâle et sainte d'un sentiment élevé jusqu'à la vertu, devint une sorte de loi sacrée applicable à une aspiration de mon âme.

J'étais pourtant blessée au cœur du mépris que mon cher Montaigne faisait de mon sexe quand il disait : « A dire vray, la suffisance ordinaire des
» femmes n'est pas pour respondre à cette confé-
» rence et communication nourrisse de cette sainte
» cousture : ny leur âme ne semble assez ferme
» pour soustenir l'estreinte d'un nœud si pressé et
» si durable. »

En méditant Montaigne dans le jardin d'Ormesson, je m'étais souvent sentie humiliée d'être femme, et j'avoue que dans toute lecture d'enseignement philosophique, même dans les livres saints, cette infériorité morale attribuée à la femme a révolté mon jeune orgueil. « Mais cela est faux ! m'écriais-je ; cette ineptie et cette frivolité que vous nous jetez à la figure, c'est le résultat de la mauvaise éducation à laquelle vous nous avez condamnées, et vous aggravez le mal en le constatant. Placez-nous dans de meilleures conditions, placez-y les hommes aussi ; faites qu'ils soient purs, sérieux et forts de volonté, et vous verrez bien que nos âmes sont sorties semblables des mains du Créateur. »

Puis, m'interrogeant moi-même et me rendant bien compte des alternatives de langueur et d'énergie, c'est-à-dire de l'irrégularité de mon organisation essentiellement féminine, je voyais bien qu'une éducation rendue un peu différente de celle des autres femmes par des circonstances fortuites avait modifié mon être ; que mes petits os s'étaient endurcis à la fatigue, ou bien que ma volonté, développée par les théories stoïciennes de Deschartres d'une part et les mortifications chrétiennes de l'autre, s'était habituée à dominer souvent les défaillances de la nature. Je sentais bien aussi que la stupide vanité des parures, pas plus que l'impur désir de plaire à tous les hommes, n'avaient de prise sur mon esprit, formé au mépris de ces choses par les leçons et les exemples de ma grand'mère. Je n'étais donc pas tout à fait une femme comme celles que censurent et raillent les moralistes ; j'avais dans l'âme l'enthousiasme du beau, la soif du vrai, et pourtant j'étais bien une femme comme toutes les autres, souffreteuse, nerveuse, dominée par l'imagination, puérilement accessible aux attendrissements et aux inquiétudes de la maternité. Cela devait-il me reléguer à un rang secondaire dans la création et dans la famille ? Cela étant réglé par la société, j'avais encore la force de m'y soumettre patiemment ou gaiement. Quel homme m'eût donné l'exemple de ce secret héroïsme qui n'avait que Dieu pour confident des protestations de la dignité méconnue ?

Que la femme soit différente de l'homme, que le

cœur et l'esprit aient un sexe, je n'en doute pas. Le contraire fera toujours exception ; même en supposant que notre éducation fasse les progrès nécessaires (je ne la voudrais pas semblable à celle des hommes), la femme sera toujours plus artiste et plus poëte dans sa vie, l'homme le sera toujours plus dans son œuvre. Mais cette différence, essentielle pour l'harmonie des choses et pour les charmes les plus élevés de l'amour, doit-elle constituer une infériorité morale ? Je ne parle pas ici socialisme : au temps où cette question fondamentale commença à me préoccuper, je ne savais ce que c'était que le socialisme. Je dirai plus tard en quoi et pourquoi mon esprit s'est refusé à le suivre sur la voie de prétendu affranchissement où certaines opinions ont fait dévier, selon moi, la théorie des véritables instincts et des nobles destinées de la femme : mais je philosophais dans le secret de ma pensée, et je ne voyais pas que la vraie philosophie fût trop grande dame pour nous admettre à l'égalité dans son estime, comme le vrai Dieu nous y admet dans les promesses du ciel.

J'allais donc nourrissant le rêve des mâles vertus auxquelles les femmes peuvent s'élever, et à toute heure j'interrogeais mon âme avec une naïve curiosité pour savoir si elle avait la puissance de son aspiration, et si la droiture, le désintéressement, la discrétion, la persévérance dans le travail, toutes les forces enfin que l'homme s'attribue exclusivement étaient interdites en pratique à un cœur qui en acceptait ardemment et passionnément le précepte. Je ne me sentais ni perfide, ni vaine, ni bavarde, ni paresseuse, et je me demandais pourquoi Montaigne ne m'eût pas aimée et respectée à l'égal d'un frère, à l'égal de son cher de la Boétie.

En méditant aussi ce passage sur l'absorption rêvée par lui, mais par lui déclarée impossible, de l'être tout entier dans l'*amor amicitiæ*, entre l'homme et la femme, je crus avec lui longtemps que les transports et les jalousies de l'amour étaient inconciliables avec la divine sérénité de l'amitié, et, à l'époque où je connus Rollinat, je cherchais l'amitié sans l'amour comme un refuge et un sanctuaire où je pusse oublier l'existence de toute affection orageuse et navrante. De douces et fraternelles amitiés m'entouraient déjà de sollicitudes et de dévouements dont je ne méconnaissais pas le prix ; mais, par une combinaison sans doute fortuite de circonstances, aucun de mes anciens amis, homme ou femme, n'était précisément d'âge à me bien connaître et à me bien comprendre, les uns pour être trop jeunes, les autres pour être trop vieux. Rollinat, plus jeune que moi de quelques années, ne se trouva pas différent de moi pour cela. Une fatigue extrême de la vie l'avait déjà placé à un point de vue de désespérance, tandis qu'un enthousiasme invincible pour l'idéal le conservait vivant et agité sous le poids de la résignation absolue aux choses extérieures. Le contraste de cette vie intense, brûlant sous la glace, ou plutôt sous sa propre cendre, répondait à ma propre situation, et nous fûmes étonnés de n'avoir qu'à regarder chacun en soi-même pour nous connaître à l'état philosophique. Les habitudes de la vie étaient autres à la surface; mais il y avait une ressemblance d'organisation qui rendit notre mutuel commerce aussi facile dès l'abord que s'il eût été fondé sur l'habitude : même manie d'analyse, même scrupule de jugement, allant jusqu'à l'indécision, même besoin de la notion du souverain bien, même absence de la plupart des passions et des appétits qui gouvernent ou accidentent la vie de la plupart des hommes ; par conséquent même rêverie incessante, mêmes accablements profonds, mêmes gaietés soudaines, même innocence de cœur, même incapacité d'ambition, mêmes paresses princières de la fantaisie aux moments dont les autres profitent pour mener à bien leur gloire et leur fortune, même satisfaction triomphante à l'idée de se croiser les bras devant toute chose réputée sérieuse qui nous paraissait frivole et en dehors des devoirs admis par nous comme sérieux ; enfin mêmes qualités ou mêmes défauts, mêmes sommeils et mêmes réveils de la volonté.

Le devoir nous a jetés cependant tout entiers

dans le travail, pieds et poings liés, et nous y sommes restés avec une persistance invincible, cloués par ces devoirs acceptés sans discussion. D'autres caractères, plus brillants et plus actifs en apparence, m'ont souvent prêché le courage. Rollinat ne m'a jamais prêché que d'exemple, sans se douter même de la valeur et de l'effet de cet exemple. Avec lui et pour lui, je fis le code de la véritable et saine amitié, d'une amitié à la Montaigne, toute de choix, d'élection et de perfection. Cela ressembla d'abord à une convention romanesque, et cela a duré vingt-cinq ans, sans que la *sainte cousture* des âmes se soit relâchée un seul instant, sans qu'un doute ait effleuré la foi absolue que nous avons l'un dans l'autre, sans qu'une exigence, une préoccupation personnelle aient rappelé à l'un ou à l'autre qu'il était un être à part, une existence différente de l'âme unique en deux personnes.

D'autres attachements ont pris cependant la vie tout entière de chacun de nous, des affections plus complètes, eu égard aux lois de la vie réelle, mais qui n'ont rien ôté à l'union tout immatérielle de nos cœurs. Rien dans cette union paisible et pour ainsi dire paradisiaque ne pouvait rendre jalouses ou inquiètes les âmes associées à notre existence plus intime. L'être que l'un de nous préférait à tous les autres devenait aussitôt cher et sacré à l'autre et sa plus douce société. Enfin, cette amitié est restée digne des plus beaux romans de la chevalerie. Bien qu'elle n'ait jamais rien *posé*, elle en a, elle en aura toujours la grandeur en nous-mêmes, et ce pacte de deux cerveaux enthousiastes a pris toute la consistance d'une certitude religieuse. Fondée sur l'estime, dans le principe, elle a passé dans les entrailles à ce point de n'avoir plus besoin d'estime mutuelle, et s'il était possible que l'un de nous deux arrivât à l'aberration de quelque vice ou de quelque crime, il pourrait se dire encore qu'il existe sur la terre une âme pure et saine qui ne se détacherait pas de lui.

Je me souviens en ce moment d'une circonstance où un autre de mes amis l'accusa vivement auprès de moi d'un tort sérieux. Cela n'avait rien de fondé, et je ne sus que hausser les épaules ; mais quand je vis que la prévention s'obstinait contre lui, je ne pus m'empêcher de dire avec impatience : « Eh bien, quand cela serait? Du moment que c'est lui, c'est bien. Ça m'est égal. »

Plus souvent accusée que lui, parce que j'ai eu une existence plus en vue, je suis certaine qu'il a dû plus d'une fois répondre à propos de moi comme j'ai fait à propos de lui. Il n'est pas un seul autre de mes amis qui n'ait discuté avec moi sur quelque opinion ou quelque fait personnel, et qui par conséquent ne m'ait parfois discutée vis-à-vis de lui-même. C'est un droit qu'il faut reconnaître à l'amitié dans les conditions ordinaires de la vie et qu'elle regarde souvent comme un devoir ; mais là où ce droit n'a pas été réservé, pas même prévu par une confiance sans limites, là où ce devoir disparaît dans la plénitude d'une foi ardente, là seulement est la grande, l'idéale amitié. Or, j'ai besoin d'idéal. Que ceux qui n'en ont que faire s'en passent.

Mais vous qui flottez encore entre la mesure de poésie et de réalité que la sagesse peut admettre, vous pour qui j'écris et à qui j'ai promis de dire des choses utiles, à l'occasion, vous me pardonnerez cette longue digression en faveur de la conclusion qu'elle amène et que voici :

Oui, il faut poétiser les beaux sentiments dans son âme et ne pas craindre de les placer trop haut dans sa propre estime. Il ne faut pas confondre tous les besoins de l'âme dans un seul et même appétit de bonheur qui nous rendrait volontiers égoïstes. L'amour idéal..... je n'en ai pas encore parlé, il n'est pas temps encore, — l'amour idéal résumerait tous les plus divins sentiments que nous pouvons concevoir, et pourtant il n'ôterait rien à l'amitié idéale. L'amour sera toujours de l'égoïsme à deux, parce qu'il porte avec lui des satisfactions infinies. L'amitié est plus désintéressée, elle partage toutes les peines et non tous les plaisirs. Elle a moins de racines dans la réalité, dans les intérêts, dans les enivrements de la vie. Aussi est-elle plus rare, même à un état très-imparfait, que l'amour à quelque état qu'on le prenne. Elle paraît cependant bien répandue, et le nom d'ami est devenu si commun qu'on peut dire *mes amis* en parlant de deux cents personnes. Ce n'est pas une profanation, en ce sens qu'on peut et doit aimer, même particulièrement, tous ceux que l'on connaît bons et estimables. Oui, croyez-moi, le cœur est assez large pour loger beaucoup d'affections, et plus vous en donnerez de sincères et de dévouées, plus vous le sentirez grandir en force et en chaleur. Sa nature est divine, et plus vous le sentez parfois affaissé et comme mort sous le poids des déceptions, plus l'accablement de sa souffrance atteste sa vie immortelle. N'ayez donc pas peur de ressentir pleinement les élans de la bienveillance et de la sympathie, et de subir les émotions douces ou pénibles des nombreuses sollicitudes qui réclament les esprits généreux ; mais n'en vouez pas moins un culte à l'amitié particulière, et ne vous croyez pas dispensé d'avoir *un ami,* un ami parfait, c'est-à-dire une personne que vous aimiez assez pour vouloir être parfait vous-même envers elle, une personne qui vous soit sacrée et pour qui vous soyez également sacré. Le grand but que nous devons tous poursuivre, c'est de tuer en nous le grand mal qui nous ronge, la personnalité. Vous verrez bientôt que quand on a réussi à devenir excellent pour quelqu'un on ne tarde pas à être meilleur pour tout le monde, et si vous cherchez l'amour idéal, vous sentirez que l'amitié idéale prépare admirablement le cœur à en recevoir le bienfait.

## CHAPITRE QUATORZIÈME

Dernière visite au couvent. — Vie excentrique. — Debureau.
— Jane et Aimée. — La baronne Dudevant me défend de
compromettre son nom dans les arts. — Mon pseudonyme.
— Jules Sand et George Sand. — Karl Sand. — Le choléra.
— Le cloître Saint-Merry. — Je change de mansarde.

Il n'y a peut-être pas pour moi autant de contraste qu'on croirait à descendre de ces hauteurs du sentiment pour revenir à la vie d'écolier littéraire que j'étais en train de raconter. J'appelais cela crûment alors ma vie de gamin, et il y avait bien un reste d'aristocratie d'habitudes dans la manière railleuse dont je l'envisageais ; car, au fond, mon caractère se formait, et la vie réelle se révélait à moi sous cet habit d'emprunt qui me permettait d'être assez homme pour voir un milieu à jamais fermé sans cela à la campagnarde engourdie que j'avais été jusqu'alors. Je regardai à cette époque dans les arts et dans la politique, non plus seulement par induction et par déduction, comme j'aurais fait dans une donnée historique quelconque, mais dans l'histoire et dans le roman de la société et de l'humanité vivante. Je contemplai ce spectacle de tous les points où je pus me placer, dans les coulisses et sur la scène, aux loges et au parterre. Je montai à tous les étages : du club à l'atelier, du café à la mansarde. Il n'y eut que les salons où je n'eus que faire. Je connaissais le monde intermédiaire entre l'artisan et l'artiste. Je l'avais cependant peu fréquenté dans ses réunions, et je m'étais toujours sauvée autant que possible de ses fêtes, qui m'ennuyaient au delà de mes forces ; mais je connaissais sa vie intérieure, elle n'avait plus rien à me révéler.

Des gens charitables, toujours prêts à avilir dans leurs sales pensées la mission de l'artiste, ont dit qu'à cette époque et plus tard j'avais eu les curiosités du vice. Ils en ont menti lâchement ; voilà tout ce que j'ai à leur répondre. Quiconque est poëte sait que le poëte ne souille pas volontairement son être, sa pensée, pas même son regard, surtout quand ce poëte l'est doublement par sa qualité de femme.

Bien que cette existence bizarre n'eût rien que je prétendisse cacher plus tard, je ne l'adoptai pas sans savoir quels effets immédiats elle pouvait avoir sur les convenances et l'arrangement de ma vie. Mon mari la connaissait, et n'y apportait ni blâme ni obstacle. Il en était de même de ma mère et de ma tante. J'étais donc en règle vis-à-vis des autorités constituées de ma destinée. Mais, dans tout le reste du milieu où j'avais vécu, je devais rencontrer probablement plus d'un blâme sévère. Je ne voulus pas m'y exposer. Je vis à faire mon choix et à savoir quelles amitiés me seraient fidèles, quelles autres se scandaliseraient. A première vue, je triai un bon nombre de connaissances dont l'opinion m'était à peu près indifférente, et à qui je commençai par ne donner aucun signe de vie. Quant aux personnes que j'aimais réellement et dont je devais attendre quelque réprimande, je me décidai à rompre avec elles sans leur rien dire. « Si elles m'aiment, pensai-je, elles courront après moi, et si elles ne le font pas, j'oublierai qu'elles existent, mais je pourrai toujours les chérir dans le passé; il n'y aura pas eu d'explication blessante entre nous; rien n'aura gâté le pur souvenir de notre affection. »

Au fait, pourquoi leur en aurais-je voulu? Que pouvaient-elles savoir de mon but, de mon avenir, de ma volonté? Savaient-elles, savais-je moi-même, en brûlant mes vaisseaux, si j'avais quelque talent, quelque persévérance? Je n'avais jamais dit à personne le mot de l'énigme de ma pensée, je ne l'avais pas trouvé encore d'une manière certaine; et quand je parlais d'écrire, c'était en riant et en me moquant de la chose et de moi-même.

Une sorte de destinée me poussait cependant. Je la sentais invincible, et je m'y jetais résolûment : non une grande destinée, j'étais trop indépendante dans ma fantaisie pour embrasser aucun genre d'ambition, mais une destinée de liberté morale et d'isolement poétique, dans une société à laquelle je ne demandais que de m'oublier en me laissant gagner sans esclavage le pain quotidien.

Je voulus pourtant revoir une dernière fois mes plus chères amies de Paris. J'allai passer quelques heures à mon couvent. Tout le monde y était si préoccupé des effets de la révolution de juillet, de l'absence d'élèves, de la perturbation générale dont on subissait les conséquences matérielles, que je n'eus aucun effort à faire pour ne point parler de moi. Je ne vis qu'un instant ma bonne mère Alicia. Elle était affairée et pressée. Sœur Hélène était en retraite. Poulette me promenait dans les cloîtres, dans les classes vides, dans les dortoirs sans lits, dans le jardin silencieux, en disant à chaque pas : « Ça va mal ! ça va bien mal ! »

Il ne restait plus personne de mon temps que les religieuses et la bonne Marie Josèphe, la brusque et rieuse servante qui me sembla la plus cordiale et la seule vivante au milieu de ces âmes préoccupées. Je compris que les nonnes ne peuvent pas et ne doivent pas aimer avec le cœur. Elles vivent d'une idée et n'attachent une véritable importance qu'aux conditions extérieures qui sont le cadre nécessaire à cette idée. Tout ce qui trouble l'arrangement d'une méditation qui a besoin d'ordre immuable et de sécurité absolue est un événement terrible, ou tout au moins une crise difficile. Les amitiés du dehors ne peuvent rien pour elles. Les choses humaines n'ont de valeur à leurs yeux qu'en raison du plus ou moins d'aide qu'elles apportent à leurs conditions d'existence exceptionnelle. Je ne regrettai plus le couvent en voyant que là l'idéal était soumis à de telles éventualités. La vie d'une communauté c'est tout un monde à immobiliser, et le canon de juillet ne s'était pas inquiété de la paix des sanctuaires [1].

Moi, j'avais l'idéal logé dans un coin de ma cervelle, et il ne me fallait que quelques jours d'entière liberté pour le faire éclore. Je le portais dans la rue, les pieds sur le verglas, les épaules couvertes de neige, les mains dans mes poches, l'estomac un peu creux quelquefois, mais la tête d'autant plus remplie de songes, de mélodies, de couleurs, de formes, de rayons et de fantômes. Je n'étais plus une *dame*, je n'étais pas non plus un *monsieur*. On

---

[1] Les sanctuaires, d'ailleurs, recèlent des volcans dans leur sein. J'apprends, en relisant ces lignes, que sœur Hélène a depuis longtemps quitté le couvent, et qu'elle est allée vivre en Angleterre, emmenant *Poulette* dans sa tente; et *Poulette*, après *cinquante ans* de claustration aux Anglaises, *Poulette*, si aimante et si aimée, *Poulette*, qui semblait la pierre de fondation et la clef de voûte du monastère, est allée mourir au loin, brouillée avec toutes les sœurs, brouillée avec Hélène aussi, dont elle avait épousé la querelle !

me poussait sur le trottoir comme une chose qui pouvait gêner les passants affairés. Cela m'était bien égal, à moi qui n'avais aucune affaire. On ne me connaissait pas, on ne me regardait pas, on ne me reprenait pas ; j'étais un atome perdu dans cette immense foule. Personne ne disait comme à la Châtre : « Voilà madame Aurore qui passe ; elle a toujours le même chapeau et la même robe ; » ni comme à Nohant : « Voilà not' dame qui *poste* sur son grand chevau ; faut qu'elle soit dérangée d'esprit pour *poster* comme ça. » A Paris, on ne pensait rien de moi, on ne me voyait pas. Je n'avais aucun besoin de me presser pour éviter des paroles banales ; je pouvais faire tout un roman, d'une barrière à l'autre, sans rencontrer personne qui me dît ; « A quoi diable pensez-vous? » Cela valait mieux qu'une cellule, et j'aurais pu dire avec *Réné*, mais avec autant de satisfaction qu'il l'avait dit avec tristesse, que je me promenais dans le *désert des hommes*.

Après que j'eus bien regardé et comme qui dirait remâché et savouré une dernière fois tous les coins et recoins de mon couvent et de mes souvenirs chéris, je sortis en me disant que je ne repasserais plus cette grille derrière laquelle je laissais mes plus saintes tendresses à l'état de divinités sans courroux et d'astres sans nuages ; une seconde visite eût amené des questions sur mon intérieur, sur mes projets, sur mes dispositions religieuses. Je ne voulais pas discuter. Il est des êtres qu'on respecte trop pour les contredire et de qui l'on ne veut emporter qu'une tranquille bénédiction.

Je remis mes chères bottes en rentrant, et j'allai voir Debureau dans la pantomime ; un idéal de distinction exquise servi deux fois par jour aux *titis* de la ville et de la banlieue, et cet idéal les passionnait. Gustave Papet, qui était le riche, le *milord* de notre association berrichonne, paya du sucre d'orge à tout le parterre, et puis, comme nous sortions affamés, il emmena souper trois ou quatre d'entre nous aux *Vendanges de Bourgogne*. Tout à coup il lui prit envie d'inviter Debureau, qu'il ne connaissait pas le moins du monde. Il rentre dans le théâtre, le trouve en train d'ôter son costume de Pierrot dans une cave qui lui servait de loge, le prend sous le bras et l'amène. Debureau fut charmant de manières. Il ne se laissa pas tenter par la moindre pointe de champagne, craignant, disait-il, pour ses nerfs, et ayant besoin du calme le plus complet pour son jeu. Je n'ai jamais vu d'artiste plus sérieux, plus consciencieux, plus religieux dans son art. Il l'aimait de passion et en parlait comme d'une chose grave, tout en parlant de lui-même avec une extrême modestie. Il étudiait sans cesse et ne se blasait pas, malgré un exercice continuel et même excessif. Il ne s'inquiétait pas si les finesses admirables de sa physionomie et son originalité de *com-*

*posiLion* étaient appréciées par des artistes ou saisies par des esprits naïfs. Il travaillait pour se satisfaire, pour essayer et pour réaliser sa fantaisie, et cette fantaisie, qui paraissait si spontanée, était étudiée à l'avance avec un soin extraordinaire. Je l'écoutai avec grande attention : il ne posait pas du tout, et je voyais en lui, malgré la bouffonnerie du genre, un de ces grands artistes qui méritent le titre de *maîtres*. Jules Janin venait de faire alors un petit volume sur cet artiste, un opuscule spirituel, mais qui ne m'avait rien fait pressentir du talent de Debureau. Je lui demandai s'il était satisfait de cette appréciation : « J'en suis reconnaissant, me dit-il. L'intention en est bonne pour moi et l'effet profite à ma réputation; mais tout cela ce n'est pas l'art, ce n'est pas l'idée que j'en ai; ce n'est pas sérieux, et le Debureau de M. Janin n'est pas moi. Il ne m'a pas compris. »

J'ai revu Debureau plusieurs fois depuis et me suis toujours senti pour le paillasse des boulevards une grande déférence et comme un respect dû à l'homme de conviction et d'étude.

. J'assistais, douze ou quinze ans plus tard, à une représentation à son bénéfice, à la fin de laquelle il tomba à faux dans une trappe. J'envoyai savoir de ses nouvelles le lendemain, et il m'écrivit, pour me dire lui-même que ce n'était rien, une lettre charmante qui finissait ainsi : « Pardonnez-moi de ne pas savoir mieux vous remercier. Ma plume est comme la voix du personnage muet que je représente ; mais mon cœur est comme mon visage, qui exprime la vérité. »

Peu de jours après, cet excellent homme, cet artiste de premier ordre, était mort des suites de sa chute.

Après le couvent, j'avais encore quelque chose à briser, non dans mon cœur, mais dans ma vie. J'allai voir mes amies Jane et Aimée. Aimée n'eût pas été l'amie de mon choix. Elle avait quelque chose de froid et de sec à l'occasion qui ne m'avait jamais été sympathique. Mais, outre qu'elle était la sœur adorée de Jane, il y avait en elle tant de qualités sérieuses, une si noble intelligence, une si grande droiture, et, à défaut de bonté spontanée, une si généreuse équité de jugement, que je lui étais réellement attachée. Quant à Jane, cette douce, cette forte, cette humble, cette angélique nature, aujourd'hui comme au couvent, je lui garde, au fond de l'âme, une tendresse que je ne puis comparer qu'au sentiment maternel.

Toutes deux étaient mariées. Jane était mère d'un gros enfant qu'elle couvait de ses grands yeux noirs avec une muette ivresse. Je fus heureuse de la voir heureuse ; j'embrassai bien tendrement l'enfant et la mère, et je m'en allai promettant de revenir bientôt, mais résolue à ne revenir jamais.

Je me suis tenu parole, et je m'en applaudis. Ces deux jeunes héritières, devenues comtesses, et plus que jamais orthodoxes en toutes choses, appartenaient désormais à un monde qui n'aurait eu pour ma bizarre manière d'exister que de la raillerie, et pour l'indépendance de mon esprit que des anathèmes. Un jour fût venu où il eût fallu me justifier d'imputations fausses, ou lutter contre des principes de foi et des idées de convenances que je ne voulais pas combattre ni froisser dans les autres. Je savais que l'héroïsme de l'amitié fût resté pur dans le cœur de Jane ; mais on le lui eût reproché, et je l'aimais trop pour vouloir apporter un chagrin, un trouble quelconque dans son existence. Je ne connais pas cet égoïsme jaloux qui s'impose, et j'ai une logique invincible pour apprécier les situations qui se dessinent clairement devant moi. Celle que je me faisais était bien nette. Je choquais ouvertement la règle du monde. Je me détachais de lui bien sciemment ; je devais donc trouver bon qu'il se détachât de moi dès qu'il saurait mes excentricités. Il ne les savait pas encore. J'étais trop obscure pour avoir besoin de mystère. Paris est une mer où les petites barques passent inaperçues par milliers entre les gros vaisseaux. Mais le moment pouvait venir où quelque hasard me placerait entre des mensonges que je ne voulais pas faire et des remontrances que je ne voulais pas accepter.

Les remontrances perdues sont toujours suivies de refroidissement, et du refroidissement on va en deux pas aux ruptures. Voilà ce dont je ne supportais pas l'idée. Les personnes vraiment fières ne s'y exposent pas; et quand elles sont aimantes, elles ne les provoquent pas, mais elles les préviennent, et par là savent les rendre impossibles.

Je retournai sans tristesse à ma mansarde et à mon utopie, certaine de laisser des regrets et de bons souvenirs, satisfaite de n'avoir plus rien de sensible à rompre.

Quant à la baronne Dudevant, ce fut bien lestement *emballé,* comme nous disions au quartier latin. Elle me demanda pourquoi je restais si longtemps à Paris sans mon mari. Je lui dis que mon mari le trouvait bon. « Mais est-il vrai, reprit-elle, que vous ayez l'intention d'*imprimer* des livres? — Oui, madame. — *Té!* s'écria-t-elle (c'était une locution gasconne qui signifie *Tiens!* et dont elle avait pris l'habitude), voilà une drôle d'idée! — Oui, madame. — C'est bel et bon, mais j'espère que vous ne mettrez pas le nom que je porte sur des *couvertures de livre imprimées?* — Oh! certainement non, madame, il n'y a pas de danger. » Il n'y eut pas d'autre explication. Elle partit peu de temps après pour le Midi, et je ne l'ai jamais revue.

Le nom que je devais mettre sur des *couvertures imprimées* ne me préoccupa guère. En tout état de choses, j'avais résolu de garder l'anonyme. Un premier ouvrage fut ébauché par moi, refait en entier ensuite par Jules Sandeau, à qui Delatouche fit le nom de Jules Sand. Cet ouvrage amena un autre éditeur qui demanda un autre roman sous le même pseudonyme. J'avais écrit *Indiana* à Nohant, je voulus le donner sous le pseudonyme demandé ; mais Jules Sandeau, par modestie, ne voulut pas accepter la paternité d'un livre auquel il était complétement étranger. Cela ne faisait pas le compte de l'éditeur. Le nom est tout pour la vente, et le petit pseudonyme s'étant bien *écoulé*, on tenait essentiellement à le conserver. Delatouche, consulté, trancha la question par un compromis : *Sand* resterait intact et je prendrais un autre prénom qui ne servirait qu'à moi. Je pris vite et sans chercher celui de George qui me paraissait synonyme de Berrichon. Jules et George, inconnus au public, passeraient pour frères ou cousins.

Le nom me fut donc bien acquis, et Jules Sandeau, resté légitime propriétaire de *Rose et Blanche*, voulut reprendre son nom en toutes lettres, afin, disait-il, de ne pas se parer de mes plumes. A cette époque, il était fort jeune et avait bonne grâce à se montrer si modeste. Depuis il a fait preuve de beaucoup de talent pour son compte, et il s'est fait un nom de son véritable nom. J'ai gardé, moi, celui de l'assassin de Kotzebue qui avait passé par

## CHAPITRE QUATORZIÈME.

la tête de Delatouche et qui commença ma réputation en Allemagne, au point que je reçus des lettres de ce pays où l'on me priait d'établir ma parenté avec Karl Sand, comme une chance de succès de plus. Malgré la vénération de la jeunesse allemande pour le jeune fanatique dont la mort fut si belle, j'avoue que je n'eusse pas songé à choisir pour pseudonyme ce symbole du poignard de l'illuminisme. Les sociétés secrètes vont à mon imagination dans le passé, mais elles n'y vont que jusqu'au poignard exclusivement, et les personnes qui ont cru voir dans ma persistance à signer Sand et dans l'habitude qu'on a prise autour de moi de m'appeler ainsi une sorte de protestation en faveur de l'assassinat politique se sont absolument trompées. Cela n'entre ni dans mes principes religieux ni dans mes instincts révolutionnaires. Le mode de société secrète ne m'a même jamais paru d'une bonne application à notre temps et à notre pays; je n'ai jamais cru qu'il en pût sortir autre chose désormais chez nous qu'une dictature, et je n'ai jamais accepté le principe dictatorial en moi-même.

Il est donc probable que j'eusse changé ce pseudonyme, si je l'eusse cru destiné à acquérir quelque célébrité; mais jusqu'au moment où la critique se déchaîna contre moi à propos du roman de *Lélia*, je me flattai de passer inaperçue dans la foule des lettrés de la plus humble classe. En voyant que, bien malgré moi, il n'en était plus ainsi, et qu'on attaquait violemment tout dans mon œuvre, jusqu'au nom dont elle était signée, je maintins le nom et poursuivis l'œuvre. Le contraire eût été une lâcheté.

Et à présent j'y tiens, à ce nom, bien que ce soit, a-t-on dit, la moitié du nom d'un autre écrivain. Soit. Cet écrivain a, je le répète, assez de talent pour que quatre lettres de son nom ne gâtent aucune *couverture imprimée,* et ne sonnent point mal à mon oreille dans la bouche de mes amis. C'est le hasard de la fantaisie de Delatouche qui me l'a donné. Soit encore : je m'honore d'avoir eu ce poëte, cet ami pour parrain. Une famille dont j'avais trouvé le nom assez bon pour moi a trouvé ce nom de Dudevant (que la baronne susnommée essayait d'écrire avec une apostrophe)[1] trop illustre et trop agréable pour le compromettre dans la république des arts. On m'a baptisée, obscure et insouciante, entre le manuscrit d'*Indiana,* qui était alors tout mon avenir, et un billet de mille francs qui était en ce moment-là toute ma fortune. Ce fut un contrat, un nouveau mariage entre le pauvre apprenti poëte que j'étais et l'humble muse qui m'avait consolée dans mes peines. Dieu me garde de rien déranger à ce que j'ai laissé faire à la destinée.

[1] Elle prétendait que le nom primitif était *O'Wen.*

Qu'est-ce qu'un nom dans notre monde révolutionné et révolutionnaire? Un numéro pour ceux qui ne font rien, une enseigne ou une devise pour ceux qui travaillent ou combattent. Celui qu'on m'a donné, je l'ai fait moi-même et moi seule après coup, par mon labeur. Je n'ai jamais exploité le travail d'un autre, je n'ai jamais pris, ni acheté, ni emprunté une page, une ligne à qui que ce soit. Des sept ou huit cent mille francs que j'ai gagnés depuis vingt ans, il ne m'est rien resté, et aujourd'hui, comme il y a vingt ans, je vis, au jour le jour, de ce nom qui protége mon travail et de ce travail dont je ne me suis pas réservé une obole. Je ne sens pas que personne ait un reproche à me faire, et, sans être fière de quoi que ce soit (je n'ai fait que mon devoir), ma conscience tranquille ne voit rien à changer dans le nom qui la désigne et la personnifie.

Mais avant de raconter ces choses littéraires, j'ai encore à résumer diverses circonstances qui les ont précédées.

Mon mari venait me voir à Paris. Nous ne logions point ensemble, mais il venait dîner chez moi et il me menait au spectacle. Il me paraissait satisfait de l'arrangement qui nous rendait, sans querelles et sans questions aucunes, indépendants l'un de l'autre.

Il ne me sembla pas que mon retour chez moi lui

fût aussi agréable. Pourtant je sus faire supporter ma présence en ne critiquant et ne troublant rien des arrangements pris en mon absence. Il ne s'agissait plus pour moi d'être chez moi, en effet. Je ne regardais plus Nohant comme une chose qui m'appartînt. La chambre de mes enfants et ma cellule à côté étaient un terrain neutre où je pouvais camper, et si beaucoup de choses me déplaisaient ailleurs, je n'avais rien à dire et ne disais rien. Je ne pouvais m'en prendre à personne de la démission que j'avais librement donnée. Quelques amis pensèrent que j'aurais dû ne pas le faire, mais lutter contre les causes premières de cette résolution. Elles avaient raison en théorie, mais la pratique ne se met pas toujours si volontiers qu'on croit aux ordres de la théorie. Je ne sais pas combattre pour un intérêt purement personnel. Toutes mes facultés et toutes mes forces peuvent se mettre au service d'un sentiment ou d'une idée; mais quand il ne s'agit que de moi, j'abandonne la partie avec une faiblesse apparente qui n'est, en somme, que le résultat d'un raisonnement bien simple : Puis-je remplacer pour un autre les satisfactions bonnes ou mauvaises que je lui ferais sacrifier? Si c'est oui, je suis dans mon droit; si c'est non, mon droit lui paraîtra toujours inique et ne me paraîtra jamais bien légitime à moi-même.

Il faut avoir pour contrarier et persécuter quelqu'un dans l'exercice de ses goûts des motifs plus graves que l'exercice des siens propres. Il ne se passait alors dans ma maison rien d'apparent dont mes enfants dussent souffrir. Solange allait me suivre, Maurice vivait, en mon absence, avec Jules Boncoiran, son bon petit précepteur. Rien ne dut me faire croire que cet état de choses ne pût pas durer, et il n'a pas tenu à moi qu'il ne durât pas.

Quand vint l'établissement au quai Saint-Michel avec Solange, outre que j'éprouvais le besoin de retrouver mes habitudes naturelles, qui sont sédentaires, la vie générale devint bientôt si tragique et si sombre, que j'en dus ressentir le contre-coup. Le choléra enveloppa des premiers les quartiers qui nous entouraient. Il approcha rapidement, il monta, d'étage en étage, la maison que nous habitions. Il y emporta six personnes et s'arrêta à la porte de notre mansarde, comme s'il eût dédaigné une si chétive proie.

Parmi le groupe de compatriotes amis qui s'était formé autour de moi, aucun ne se laissa frapper de cette terreur funeste qui semblait appeler le mal et qui généralement le rendait sans ressources. Nous étions inquiets les uns pour les autres, et point pour nous-mêmes. Aussi, afin d'éviter d'inutiles angoisses, nous étions convenus de nous rencontrer tous les jours au jardin du Luxembourg, ne fût-ce que pour un instant, et quand l'un de nous manquait à l'appel, on courait chez lui. Pas un ne fut atteint, même légèrement. Aucun pourtant ne changea rien à son régime et ne se mit en garde contre la contagion.

C'était un horrible spectacle que ce convoi sans relâche passant sous ma fenêtre et traversant le pont Saint-Michel. En de certains jours, les grandes voitures de déménagements dites tapissières, devenues les corbillards des pauvres, se succédèrent sans interruption, et ce qu'il y avait de plus effrayant, ce n'était pas ces morts entassés pêle-mêle comme des ballots, c'était l'absence des parents et des amis derrière les chars funèbres; c'était les conducteurs doublant le pas, jurant et fouettant les chevaux; c'était les passants s'éloignant avec effroi du hideux cortége; c'était la rage des ouvriers qui croyaient à une fantastique mesure d'empoisonnement et qui levaient leurs poings fermés contre le ciel; c'était, quand ces groupes menaçants avaient passé, l'abattement ou l'insouciance qui rendaient toutes les physionomies irritantes ou stupides.

J'avais pensé à me sauver, à cause de ma fille; mais tout le monde disait que le déplacement et le voyage étaient plus dangereux que salutaires, et je me disais aussi que si l'influence pestilentielle s'était déjà, à mon insu, attachée à nous, au moment du départ, il valait mieux ne pas la porter à Nohant, où elle n'avait pas pénétré et où elle ne pénétra pas.

Et puis, du reste, dans les dangers communs dont rien ne peut préserver, on prend vite son parti. Mes amis et moi, nous nous disions que, le choléra s'adressant plus volontiers aux pauvres qu'aux riches, nous étions parmi les plus menacés, et devions, par conséquent, accepter la chance sans nous affecter du désastre général où chacun de nous était pour son compte, aussi bien que ces ouvriers furieux ou désespérés qui se croyaient l'objet d'une malédiction particulière.

Au milieu de cette crise sinistre, survint le drame poignant du cloître Saint-Merry. J'étais au jardin du Luxembourg avec Solange, vers la fin de la journée. Elle jouait sur le sable, je la regardais, assise derrière le large socle d'une statue. Je savais bien qu'une grande agitation devait gronder dans Paris ; mais je ne croyais pas qu'elle dût sitôt gagner mon quartier : absorbée, je ne vis pas que tous les promeneurs s'étaient rapidement écoulés. J'entendis battre la charge, et, emportant ma fille, je me vis seule de mon sexe avec elle dans cet immense jardin, tandis qu'un cordon de troupes au pas de course traversait d'une grille à l'autre. Je repris le chemin de ma mansarde, au milieu d'une grande confusion et cherchant les petites rues, pour n'être pas renversée par les flots de curieux qui, après s'être groupés et pressés sur un point, se précipitaient et s'écrasaient, emportés par une soudaine panique. A chaque pas, on rencontrait des gens effarés qui vous criaient : « N'avancez pas, retournez, retournez ! La troupe arrive, on tire sur tout le monde. » Ce qu'il y avait jusque-là de plus dangereux, c'était la précipitation avec laquelle on fermait les boutiques au risque de briser la tête à tous les passants. Solange se démoralisait et commençait à jeter des cris désespérés. Quand nous arrivâmes au quai, chacun fuyait en sens différent. J'avançai toujours, voyant que le pire c'était de rester dehors, et j'entrai vite chez moi, sans prendre le temps de voir ce qui se passait, sans même avoir peur, n'ayant encore jamais vu la guerre des rues, et n'imaginant rien de ce que j'ai vu ensuite, c'est-à-dire l'ivresse qui s'empare tout d'abord du soldat et qui fait de lui, sous le coup de la surprise et de la peur, l'ennemi le plus dangereux que puissent rencontrer des gens inoffensifs dans une bagarre.

Et il ne faut pas qu'on s'en étonne. Dans presque tous ces événements déplorables ou magnifiques dont une grande ville est le théâtre, la masse des spectateurs, et souvent celle des acteurs, ignore ce qui se passe à deux pas de là, et court risque de s'entr'égorger, chacun cédant à la crainte de l'être. L'idée qui a soulevé l'ouragan est souvent plus insaisissable encore que le fait, et quelle qu'elle soit, elle ne se présente aux esprits incultes qu'à travers mille fictions délirantes. Le soldat est peuple, lui aussi ; la discipline n'a pas contribué à éclairer sa raison, qu'elle lui commanderait d'ailleurs d'abjurer, s'il avait la prétention de s'en servir. Ses chefs le poussent au massacre par la terreur, comme souvent les meneurs poussent le peuple à la provocation par le même moyen. De part et d'autre, avant qu'on ait brûlé une amorce, des récits horribles, des calomnies atroces ont circulé, et le fantôme du carnage a déjà fait son fatal office dans les imaginations troublées.

Je ne raconterai pas l'événement au milieu duquel je me trouvais. Je n'écris que mon histoire particulière. Je commençai par ne songer qu'à tranquilliser ma pauvre enfant, que la peur rendait malade. J'imaginai de lui dire qu'il ne s'agissait, sur le quai, que d'une chasse aux chauves-souris comme elle l'avait vu faire sur la terrasse de Nohant à son père et à son oncle Hippolyte, et je parvins à la calmer et à l'endormir au bruit de la fusillade. Je mis un matelas de mon lit dans la fenêtre de sa petite chambre, pour parer à quelque balle perdue qui eût pu l'atteindre, et je passai une partie de la nuit sur le balcon, à tâcher de saisir et de comprendre l'action à travers les ténèbres.

On sait ce qui se passa en ce lieu. Dix-sept insurgés s'étaient emparés du poste du petit pont de l'Hôtel-Dieu. Une colonne de garde nationale les surprit dans la nuit. « Quinze de ces malheureux, dit Louis Blanc (*Histoire de dix ans*) furent mis en pièces et jetés dans la Seine. Deux furent atteints dans les rues voisines et égorgés. »

Je ne vis pas cette scène atroce, enveloppée dans les ombres de la nuit, mais j'en entendis les clameurs furieuses et les râles formidables; puis un silence de mort s'étendit sur la cité endormie de fatigue après les émotions de la crainte.

Des bruits plus éloignés et plus vagues attestaient pourtant une résistance sur un point inconnu. Le matin on put circuler et aller chercher des aliments pour la journée, qui menaçait les habitants d'un blocus à domicile. A voir l'appareil des forces développées par le gouvernement, on ne se doutait guère qu'il s'agissait de réduire une poignée d'hommes décidés à mourir.

Il est vrai qu'une nouvelle révolution pouvait sortir de cet acte d'héroïsme désespéré : l'empire pour le duc de Reichstadt et la monarchie pour le duc de Bordeaux, aussi bien que la république pour le peuple. Tous les partis avaient, comme de coutume, préparé l'événement, et ils en convoitaient le profit; mais quand il fut démontré que ce profit, c'était la mort sur les barricades, les partis s'éclipsèrent, et le martyre de l'héroïsme s'accomplit à la face de Paris consterné d'une telle victoire.

## CHAPITRE QUATORZIÈME.

La journée du 6 juin fut d'une solennité effrayante vue du lieu élevé où j'étais. La circulation était interdite, la troupe gardait tous les ponts et l'entrée de toutes les rues adjacentes. A partir de dix heures du matin jusqu'à la fin de l'*exécution*, la longue perspective des quais déserts prit au grand soleil l'aspect d'une ville morte, comme si le choléra eût emporté le dernier habitant. Les soldats qui gardaient les issues semblaient des fantômes frappés de stupeur. Immobiles et comme pétrifiés le long des parapets, ils ne rompaient, ni par un mot ni par un mouvement, la morne physionomie de la solitude. Il n'y eut d'êtres vivants, en de certains moments du jour, que les hirondelles qui rasaient l'eau avec une rapidité inquiète, comme si ce calme inusité les eût effrayées. Il y eut des heures d'un silence farouche, que troublaient seuls les cris aigres des martinets autour des combles de Notre-Dame. Puis tout à coup les oiseaux éperdus rentrèrent au sein des vieilles tours, les soldats reprirent leurs fusils qui brillaient en faisceaux sur les ponts. Ils reçurent des ordres à voix basse. Ils s'ouvrirent pour laisser passer des bandes de cavaliers qui se croisèrent, les uns pâles de colère, les autres brisés et ensanglantés. La population captive reparut aux fenêtres et sur les toits, avide de plonger du regard dans les scènes d'horreur qui allaient se dérouler au delà de la Cité. Le bruit sinistre avait commencé.

Des feux de pelotons sonnaient le glas des funérailles à intervalles devenus réguliers. Assise à l'entrée du balcon, et occupant Solange dans la chambre pour l'empêcher de regarder dehors, je pouvais compter chaque assaut et chaque réplique. Puis le canon tonna. A voir le pont encombré de brancards qui revenaient par la Cité en laissant une traînée sanglante, je pensai que l'insurrection, pour être si meurtrière, était encore importante ; mais ses coups s'affaiblirent ; on aurait presque pu compter le nombre de ceux que chaque décharge des assaillants avait emportés. Puis le silence se fit encore une fois, la population descendit des toits dans la rue ; les portiers des maisons, caricatures expressives des alarmes de la propriété, se crièrent les uns aux autres d'un air de triomphe : *C'est fini !* et les vainqueurs qui n'avaient fait que regarder repassèrent en tumulte. Le roi se promena sur les quais. La bourgeoisie et la banlieue fraternisèrent à tous les coins de rue. La troupe fut digne et sérieuse. Elle avait cru un instant à une seconde révolution de juillet.

Pendant quelques jours, les abords de la place et du quai Saint-Michel conservèrent de larges taches de sang, et la Morgue, encombrée de cadavres dont les têtes superposées faisaient devant les fenêtres comme un massif de hideuse maçonnerie, suinta un ruisseau rouge qui s'en allait lentement sous les arches sans se mêler aux eaux du fleuve. L'odeur était si fétide, et j'avais été si navrée, autant, je l'avoue, devant les pauvres soldats expirants que devant les fiers prisonniers, que je ne pus rien manger pendant quinze jours. Longtemps après, je ne pouvais seulement voir de la viande; il me semblait toujours sentir cette odeur de boucherie qui avait monté âcre et chaude à mon réveil les 6 et 7 juin, au milieu des bouffées tardives du printemps.

Je passai l'automne à Nohant. C'est là que j'écrivis *Valentine,* le nez dans la petite armoire qui me servait de bureau et où j'avais déjà écrit *Indiana*.

L'hiver fut si froid dans ma mansarde que je reconnus l'impossibilité d'y écrire sans brûler plus de bois que mes finances ne me le permettaient. Delatouche quittait la sienne, qui était également sur les quais, mais au troisième seulement, et la face tournée au midi, sur des jardins. Elle était aussi plus spacieuse, confortablement arrangée, et depuis longtemps je nourrissais le doux rêve d'une cheminée à la prussienne. Il me céda son bail, et je m'installai au quai Malaquais, où je vis bientôt arriver Maurice, que son père venait de mettre au collége.

Me voici déjà à l'époque de mes premiers pas dans le monde des lettres, et, pressée d'établir le cadre de ma vie extérieure, je n'ai encore rien dit des petites tentatives que j'avais faites pour arriver à ce but. C'est donc le moment de parler des relations que j'avais nouées et des espérances qui m'avaient soutenue.

FIN DU TOME HUITIÈME.

# TABLE

## DU TOME HUITIÈME.

### QUATRIÈME PARTIE.

(*Suite.*)

#### CHAPITRE SEPTIÈME.

Ouverture du testament. — Clause illégale. — Résistance de ma mère. — Je quitte Nohant. — Paris, Clotilde. — 1823. — Deschartres à Paris. — Mon serment. — Rupture avec ma famille paternelle. — Mon cousin Auguste. — Divorce avec la noblesse. — Souffrances domestiques. . . . . . . . . . . . . . 1

#### CHAPITRE HUITIÈME.

Singularités, grandeurs et agitations de ma mère. — Une nuit d'expansion. — Parallèle. — Le Plessis. — Mon père James et ma mère Angèle. — Bonheur de la campagne. — Retour à la santé, à la jeunesse et à la gaieté. — Les enfants de la maison. — Opinions du temps. — Loïsa Puget. — M. Stanislas et son cabinet mystérieux. — Je rencontre mon futur mari. — Sa prédiction. — Notre amitié. — Son père. — Bizarreries nouvelles. — Retour de mon

frère. — La baronne Dudevant. — Le régime dotal.
— Mon mariage. — Retour à Nohant. — Automne
1823............................... 28

## CHAPITRE NEUVIÈME.

Retraite à Nohant. — Travaux d'aiguille moralement
utiles aux femmes. — Équilibre désirable entre la
fatigue et le loisir. — Mon rouge-gorge. — Deschartres quitte Nohant. — Naissance de mon fils. —
Deschartres à Paris. — Hiver de 1824 à Nohant. —
Changements et améliorations qui me donnent le
spleen. — Été au Plessis. — Les enfants. — L'idéal
dans leur société. — Aversion pour la vie positive.
— Ormesson. — Funérailles de Louis XVIII à Saint-
Denis. — Le jardin désert. — Les *Essais* de Montaigne. — Nous revenons à Paris. — L'abbé de
Prémord. — Retraite au couvent. — Aspirations à
la vie monastique. — Maurice au couvent. — Sœur
Hélène nous chasse..................... 74

## CHAPITRE DIXIÈME.

Émilie de Wismes. — Sidonie Macdonald. — M. de Sémonville. — Les demoiselles B***. — Mort mystérieuse de Deschartres, peut-être un suicide. —
Mon frère commence à accomplir le sien propre par
une passion funeste. — Aimée et Jane à Nohant. —
Voyage aux Pyrénées. — Fragments d'un journal
écrit en 1825. — Cauterets, Argelez, Luz, Saint-
Sauveur, le Marborée, etc. — Les pâtres descendent de la montagne. — Passage des troupeaux. —
Un rêve de vie pastorale s'empare de moi. — Bagnères-de-Bigorre. — Les spélonques de Lourdes.
— Frayeur rétrospectives. — Départ pour Nérac.. 106

# TABLE.

### CHAPITRE ONZIÈME.

Guillery, le château de mon beau-père. — Les chasses au renard. — *Peyrounine* et *Tant-belle*. — Les Gascons, gens excellents et bien calomniés. — Les paysans, les bourgeois et les gentilshommes grands mangeurs, paresseux splendides, bons voisins et bons amis. — Voyage à la Brède. — Digressions sur les pressentiments. — Retour par Castel-Jaloux, la nuit, à cheval, au milieu des bois, avec escorte de loups. — Pigon mangé par les loups. — Ils viennent sous nos fenêtres. — Un loup mange la porte de ma chambre. — Mon beau-père attaqué par quatorze loups. — Les Espagnols pasteurs nomades et bandits dans les landes. — La culture et la récolte du liége. — Beauté des hivers dans ce pays. — Mort de mon beau-père. — Portrait et caractère de sa veuve, la baronne Dudevant. — Malheur de sa situation. — Retour à Nohant. — Parallèle entre la Gascogne et le Berry. — Blois. — Le Mont-d'Or. — Ursule. — M. Duris-Dufresne, député de l'Indre. — Une chanson. — Grand scandale à la Châtre. — Rapide résumé de divers petits voyages et circonstances jusqu'en 1831.................. 143

### CHAPITRE DOUZIÈME.

Coup d'œil rétrospectif sur quelques années esquissées dans le précédent chapitre. — Intérieur troublé. — Rêves évanouis. — Ma religion. — Question de la liberté des cultes, n'impliquant pas la liberté de s'abstenir de culte extérieur. — Mort douce d'une idée fixe. — Mort d'un *cricri*. — Projets d'un avenir à ma guise, vagues, mais persistants. — Pourquoi ces projets. — La gestion d'une année de revenu. —

Ma démission. — Sorte d'interdiction de fait. — Mon frère et sa passion fâcheuse. — Les vents salés, les figures salées. — Essai d'un petit métier. — Le musée de peinture. — Révélation de l'art, sans certitude d'aucune spécialité. — Inaptitude pour les sciences naturelles, malgré l'amour de la nature. — On m'accorde une pension et la liberté. — Je quitte Nohant pour trois mois. . . . . . . . . . . . . . . .  176

## CHAPITRE TREIZIÈME.

Manière de préface à une nouvelle phase de mon récit. — Pourquoi je ne parle pas de toutes les personnes qui ont eu de l'influence sur ma vie, soit par la persuasion, soit par la persécution. — Quelques lignes de J. J. Rousseau sur le même sujet. — Mon sentiment est tout l'opposé du sien. — Je ne sais pas attenter à la vie des autres, et, pour cause de christianisme invétéré, je n'ai pu me jeter dans la politique de personnalités. — Je reprends mon histoire. — La mansarde du quai Saint-Michel et la vie excentrique que j'ai menée pendant quelques mois avant de m'installer. — Déguisement qui réussit extraordinairement. — Méprises singulières. — M. Pinson. — Émile Paultre. — Le bouquet de mademoiselle Leverd. — M. Rollinat père. — Sa famille. — François Rollinat. — Digression assez longue. — Mon chapitre de l'amitié, moins beau, mais aussi senti que celui de Montaigne. . . . . . . . . . . . . . . .  204

## CHAPITRE QUATORZIÈME.

Dernière visite au couvent. — Vie excentrique. — Debureau. — Jane et Aimée. — La baronne Dudevant me défend de compromettre son nom dans les arts. — Mon pseudonyme. — Jules Sand et George Sand. — Karl Sand. — Le choléra. — Le cloître Saint-Merry. . . . . . . . . . . . . . . . . . . . 241

FIN DE LA TABLE.

www.ingramcontent.com/pod-product-compliance
Lightning Source LLC
Chambersburg PA
CBHW070544160426
43199CB00014B/2369